MOMENTOS

Editora Appris Ltda.
1.ª Edição - Copyright© 2023 do autor
Direitos de Edição Reservados à Editora Appris Ltda.

Nenhuma parte desta obra poderá ser utilizada indevidamente, sem estar de acordo com a Lei nº 9.610/98. Se incorreções forem encontradas, serão de exclusiva responsabilidade de seus organizadores. Foi realizado o Depósito Legal na Fundação Biblioteca Nacional, de acordo com as Leis nºs 10.994, de 14/12/2004, e 12.192, de 14/01/2010.

Catalogação na Fonte
Elaborado por: Josefina A. S. Guedes
Bibliotecária CRB 9/870

E241m 2023	Edmar, J. Momentos / J. Edmar. 1. ed. – Curitiba : Appris, 2023. 174 p. ; 23 cm. ISBN 978-65-250-4526-9 1. Memória autobiográfica. 2. Literatura brasileira. 3. Vida. I. Título. CDD – B869.3

Appris editora

Editora e Livraria Appris Ltda.
Av. Manoel Ribas, 2265 – Mercês
Curitiba/PR – CEP: 80810-002
Tel. (41) 3156 - 4731
www.editoraappris.com.br

Printed in Brazil
Impresso no Brasil

J. EDMAR

MOMENTOS

FICHA TÉCNICA

EDITORIAL	Augusto V. de A. Coelho
	Sara C. de Andrade Coelho
COMITÊ EDITORIAL	Marli Caetano
	Andréa Barbosa Gouveia - UFPR
	Edmeire C. Pereira - UFPR
	Iraneide da Silva - UFC
	Jacques de Lima Ferreira - UP
SUPERVISOR DA PRODUÇÃO	Renata Cristina Lopes Miccelli
PRODUÇÃO EDITORIAL	Nicolas da Silva Alves
REVISÃO	Mateus Soares Almeida
	Ana Pontes Mariano
DIAGRAMAÇÃO	Bruno Ferreira Nascimento
CAPA	Efraim Marcelo Mariano

Esta obra autobiográfica, de J. EDMAR, tem seus direitos literários resguardados pela Biblioteca Nacional, não cabendo, assim, qualquer direito de reprodução ou cópia por qualquer meio, ou mecanismos, sem que, por justiça, seja referenciada a fonte de suas origens.

Não se trata de uma obra de ficção e muitos dos personagens aqui citados são reais e, por consequência, merecedores do meu apreço e respeito.

J. Edmar.

PREFÁCIO

Sentir o prazer de ler uma obra carregada de verdades, e de verdades da essência humana, é, sem dúvida nenhuma, um privilégio.

Assim é *Momentos*...

Um relato emocionante, em que o autor nos coloca de frente com uma realidade às vezes poética, por sua personalidade sensível, às vezes difícil, por sua capacidade de mostrar aspectos de uma vida laboriosa, contudo, coroada de vitórias.

Esta é uma obra literária que nos leva a viajar no tempo e no espaço, à procura de um resgate de nós mesmos. Foi assim que me senti ao ler *Momentos*.

Nele, J. Edmar consegue despir sua alma perante seu público, e o faz com muita sensibilidade, presenteando-nos, assim, com esta obra de elevadíssimo teor de emoção.

Ao ler *Momentos* compreendi melhor as palavras do grande Fernando Pessoa: "Tudo vale a pena quando a alma não é pequena"...

Estas palavras estão implícitas em cada página de *Momentos*.

Prof.ª Lucinda Mariano
Professora pela Universidade de Guarulhos (UNG),
residente em Juquitiba/SP

SUMÁRIO

O BAIRRO 16

A ÁRVORE 27

A PAINEIRA "MAL-ASSOMBRADA" 30

O TIO ARMÉLIO 38

O TERNO AZUL — (PARTE 1) 43

RICARDO MARIANO 48

ERONILDES BATISTA 56

ZACARIAS 58

DONA DOROTÉIA 61

O TERNO AZUL — (PARTE 2) 70

DONA NOÊMIA 79

ANOS 60 82

FUNCIONÁRIO PÚBLICO 86

O PADRE CORINTHIANO 90

A BIBLIOTECA MÁRIO DE ANDRADE 104

A CASA DE DETENÇÃO 114

O RESTO É SILÊNCIO 123

O SINDICATO 126

O JANISTA 132

O TERNO AZUL — (PARTE 3) 140

A GREVE 142

CÍRCULO ESOTÉRICO 157

J. EDMAR 170

SOBRE O AUTOR 172

Algumas "estórias" são criadas como se fossem a planta de uma casa, construídas linha a linha, tijolo a tijolo. Outras nascem da ansiedade dolorosa da mente do autor para as páginas, que, no fim das contas, são mais um curativo, que um papel. Mas há também aquelas que perseguem o escritor, à deriva, pelos tempos e pelo espaço, como semente de um cardo, até encontrar o solo fértil, onde possa deixar raízes. Estas minhas confissões são aqui como aquelas que forçaram a mente do autor, narradas de forma apaixonante e realística, pois se tornaram fatos...

J. Edmar.

São Paulo (Brasil), fevereiro de 2010.

São decorridos exatamente 55 anos dos primeiros fatos que começarei a narrar neste documentário.

É decorrido mais de meio século de lembranças, de recordações amargas e boas, de momentos bons e maus, de situações cômicas ou entristecedoras...

O incrível é que acordei, hoje, com o pensamento voltado a 55 anos atrás.

Parece que o sol que me cumprimentou ao abrir a janela de meu quarto é aquele mesmo sol que, mais de meio século atrás, me cumprimentava de forma soberba e majestosa. E começaram a fluir em minha mente mais de 50 anos de uma história de que fui um dos principais protagonistas.

Nestes mais 50 anos, muita coisa já não existe, a começar por meus pais, alguns amigos, alguns professores e, quem sabe, até o bucolismo gostoso que vivenciei e compartilhei, no bairro pobre e periférico onde nasci e fui criado, e onde grande parte destas lembranças teve seu lugar comum.

Nestes 50 e tantos anos ocorreram fatos que, analisados à luz do inacreditável, parecerão ainda mais inacreditáveis; analisados à luz da razão, parecerão fragmentos; analisados à luz da realidade, mostrarão a quem os ler, ou ainda, deles tomar conhecimento, uma vida vivida de fragmentos.

Tudo, há 50 anos, era mais difícil, mais inacessível, mais bucólico. Tudo era feito com mais discrição, tudo era dirigido de forma mais metódica.

Não havia elementos cibernéticos interferindo nos atos e nos gestos.

MOMENTOS

Não havia sequer o sensacionalismo barato de algum evento.

Havia, isso sim, mais romantismo, mais dedicação, mais realismo!

Do pequenino e humilde bairro em que nasci resta, hoje, lembranças e nada mais, pois tudo ali, hoje, é progresso.

Da escola mista, de uma única classe, que serviu de cenário para que estas lembranças pudessem ser reveladas, nada mais resta, exceto a árvore que ajudei a plantar e que lá permanece, testemunha fiel de uma bela (ou quase bela) infância.

Falar, todavia, da gente mesmo é difícil, e se não somos adeptos da prática de certos ufanismos, torna-se também complicado e sistemático.

Não pretendo, todavia, ser tão "cansativo" assim para meus leitores, pois quero, ao fim, premiá-los pela paciência com uma bela "estória" de "quase" sucesso.

É tentar traduzir em palavras que nem sempre são as que queremos ou as que ainda tenhamos ensaiado, haja vista que pensar em escrever é uma coisa, e escrever relatando tudo o que se nos vai, sem atropelar o vocábulo e sem deixar-se dominar pelas emoções, quer recentes, quer remotas, é outra coisa totalmente diferente.

Vivemos, hoje, a era da informática, a era da cibernética, e em tudo o que, por acaso, façamos ou tentemos fazer, corremos o risco de sermos "copiados", haja vista que, com o avanço da tecnologia, estamos automaticamente sujeitos a esses rastreamentos tecnológicos.

Tento, todavia, nesta obra, mostrar (sem que, com isso, queira identificar-me como "não possuidor" das falhas que serão notadas ao longo desta leitura) como é que, em pleno século XXI, ainda

13

tenhamos tipos de comportamentos enquadráveis naquilo que aqui resolvi identificar como "*parte de mim próprio*".

Por outro lado, como advertência, eu aconselharia a todos os meus possíveis leitores que não se deixem influenciar pela verdade absoluta destes relatos.

Não quero afirmar, com tais advertências, que fujo à verdade, visando a influenciar a quem quer que seja, mas, como todos bem sabem, "quem conta um conto, aumenta um ponto".

O próprio Jorge Amado, que, para mim, é um dos maiores, senão o maior dos escritores de nossa época, já advertia em *Tieta do agreste* que cada um tem a sua verdade. Ele faz, em seu "introito" o lembrete de "não assumir qualquer responsabilidade pela exatidão dos fatos ali relatados"...

Mas não chego a este ponto. Mesmo porque não é de mim que falarei ao longo destes relatos, mas, sim, do meu personagem.

Dei a ele o pseudônimo de *J. EDMAR*.

E não creio que este personagem vá querer que se lhe tenha imagem de "farsante", ou ainda, de quem forja fatos para impressionar, ou omite dados para se safar de possíveis situações melindrosas.

Será com "ele" que daqui pra frente todos vocês haverão de conviver, pois eu não teria condições emocionais de narrar tantos fatos ocorridos nestes mais de 50 anos sem que me emocionasse ao extremo, prejudicando a própria narrativa.

Afirmo veracidade em grande parte dos relatos aqui colocados à luz do conhecimento de meus leitores, haja vista tratar-se de um "apanhado" de toda uma vida.

E, por outro lado, não me soaria de bom alvitre "mascarar" possíveis fatos ou cenas meramente com o intuito de impressionar ou sensibilizar a quem quer que seja.

O que ora lhes exponho, embora já dito, com um pouco mais, ou menos, de suspense e/ou até sensacionalismo, pois, como dito, "quem conta um conto, aumenta um ponto", levou mais de 50 anos para ser escrito.

Sim, caros leitores, mais de 50 anos. O que ora lhes apresento, em forma de "estória", levou 55 anos para ser escrito!...

Ainda assim, relutei, ponderei e reponderei se deveria mesmo fazê-lo, tão marcante foi, para mim, o que aqui levo ao conhecimento de todos. Tudo, porém, o que aqui se segue tem uma grande dose de verdade e um bom pedaço de mim...

Tenho mais de 60 anos, portanto, nasci antes de 1950, e há 50 anos, tudo era diferente. Não se trata nem de ser ou não ser saudosista, mas como se vivia melhor. Diria, até que, se não melhor, mas, pelo menos, a gente era feliz.

Mas, em compensação, o que aqui está contido, faz parte de uma infância sofrida, de uma adolescência razoável, de uma vida adulta cheia de nuances e de uma marcante saudade de tudo. E ela, sim, incomoda!

O BAIRRO

Nasci na primeira metade do último ano do século XX, em outubro de 1948, no Sumaré, um bairro próximo do centro de São Paulo, numa das partes mais altas da cidade, mudando-me ainda muito novo para outro, totalmente afastado do conforto, que, à época, já era precário até em pleno centro de São Paulo.

Tentem, então, munidos da lupa do saudosismo, analisar como era a vida nesses subúrbios, sem instalações sanitárias adequadas, sem escolas, hospitais, postos de saúde e até farmácias.

O Brasil, em 1948, era presidido por Getúlio Vargas e o estado de São Paulo era governado por Adhemar de Barros. Getúlio Vargas era o gaúcho bochechudo dos pampas e Adhemar de Barros, o bonachão que agradava a todos.

Foi também o ano da primeira participação de "estrangeiros" na Corrida de São Silvestre, haja vista que, até então, somente corredores brasileiros a integravam.

É o ano em que os brasileiros lamentavam a morte de Monteiro Lobato, mas comemoravam o fato de, pela primeira vez, um corredor brasileiro fazer parte de uma equipe italiana, pilotando uma Ferrari. Esse corredor era o Chico Land.

O Brasil tinha, à época, exatos 50 milhões de habitantes.

O bairro ao qual me refiro, como o próprio nome (Morro Grande) já traduz ou sugere, era um "punhadinho" de casas, perdido a noroeste da capital, distante do centro, distante de outros grandes bairros, carente de recursos, de estrutura, de infraestrutura e de tudo o mais que nossa gente pudesse, à época, imaginar.

Nossa vizinhança, composta aqui e ali de míseros barracos, era, salvo algumas pouquíssimas exceções, o retrato da periferia de São Paulo naqueles anos 50. Ruas estreitas, mal traçadas, sem iluminação, sem simetria, sem começo, sem fim.

Cursei meu primário numa escola mista de nome Grupo Escolar Clodomiro Carneiro, de única classe, com 40 e poucos alunos, todos, como eu, então, sonhadores e esperançosos de como seria, para nós, aqueles quatro anos que se seguiriam.

A escola, como já dito, de única sala, num emaranhado de carteiras, armários e alunos, era, à época, o que de melhor poderíamos esperar da estrutura do Estado, naqueles anos sem turbulência política, sem MST, sem maracutaias, sem sindicatos de "esquerda", de "direita" ou de "centro", sem "Delúbios Soares", sem "Marcos Valérios", sem denúncias, sem vítimas, sem réus.

Vivi grande parte da minha infância nadando em lagoas de águas paradas, agarrado às rabeiras dos poucos caminhões que se aventurassem a circular por aquelas ruas esburacadas e estreitas, rodando piões, jogando bolinhas de gude, empinando pipas e gastando (tanto para ir como para voltar da escola) uma boa hora de percurso por essas mesmas ruas esburacadas e estreitas, sem casas, sem animais, sem luz elétrica, sem progresso...

Reinava, todavia, naquelas paragens, uma coisa que hoje, infelizmente, já não conseguimos ter, apesar de toda a tecnologia: reinava a paz entre os seus integrantes...

Havia respeito entre os seres!

Ao contrário da maioria dos alunos, eu tive professor, não professora, a quem respeitosa e carinhosamente chamávamos de mestre, título que, hoje, infelizmente, caiu em total desuso, haja vista a absoluta falta de respeito para com esses profissionais que, pelo menos naquela época, davam o melhor de si, visando a nos ensinar a como sermos, na "fase adulta", homens de caráter e cidadãos de respeito.

Mas, o fato é que esse cidadão abnegado e bom, de nome Prof. Gilberto (já nem lembro o sobrenome, e acho até que nunca o soube), ensinava-nos, sem a menor das intenções, a menosprezar a quem menos soubesse, ou ainda, a enaltecer, de forma exacerbada, quem mais se destacasse.

Como todo garoto pobre da época, eu também sonhava com confortos e regalias, e não é demérito pessoal algum confessar que me sentia, às vezes, frustrado com essa falta.

Mas todos (salvo raríssimas exceções) eram, como eu, pobres e destituídos de maiores sonhos, haja vista a própria constituição geográfica e física do meio em que vivíamos.

Nunca "cabulei" uma aula, tal era o prazer com que as frequentava, e naquele tempo, cabular uma aula era vagar pelas ruas esburacadas do bairro, sem ter o que fazer, haja vista que ir mais cedo para casa era, sem dúvida, submeter-se aos "petelecos" e puxões de orelha que minha mãe, "Dona Nica", não poupava, interessada também que era em que aprendêssemos, pois outra coisa não visava senão ao nosso próprio engrandecimento de caráter.

A casa em que morei era um galpão de madeira, obtida de demolições dos andaimes das obras onde meu pai, de saudosa memória, exercia suas funções de pedreiro.

Era uma fase áurea para quem dominasse com perfeição as artes desse ofício, e meu pai era um desses abnegados pela perfeição na execução das tarefas que o ofício se lhe impunha.

Não começou, todavia, sua vida profissional como pedreiro e, mais tarde, mestre de obras. Começara, tão logo chegado do estado do Paraná, como servente de pedreiro e, aliando esforço, observação, coragem e capacidade, galgou as escadas da promoção, um privilégio de poucos, na Construtora Alfredo Mathias, onde trabalhava.

Nossos vizinhos, que acredito hoje em sua maioria já falecidos, eram, tanto à esquerda como à direita, cidadãos que, como meu pai, saíam de suas casas de madrugada e buscavam, longe dali, o "pão de cada dia". Lembro-me, todavia, de alguns a quem, ainda hoje, devoto respeito e admiração.

Bem em frente à minha casa morava uma família de evangélicos (Cristãos do Brasil), que eram, segundo minha forma de analisá-los, uma família modelo. O chefe dessa família, Seu Luiz Ferreira, a quem chamávamos de "Seu Luiz Alemão", ou ainda "Seu Luiz Crente", era sisudo e circunspecto, e era, para mim, um exemplo de respeitabilidade.

Não fugia dessa minha análise seus filhos, Fares, Eslí, Eunice, Edson e Irene (essa última, tão bonita que, diante dela, eu corava, demonstrando toda a minha timidez), mas, com quase a mesma idade que a minha, eram os amigos mais próximos que eu tinha e participavam da tranquilidade e da "pacatez" daquele bairro inóspito e melancólico, perdido nos confins de São Paulo, na região que chamávamos de Freguesia do Ó, mas que, segundo alguns mais saudosistas, tinha o nome de Nossa Senhora do Ó.

Eu era, como todos, um garoto sonhador, exceto porque, por não ter irmãos menores com quem partilhar meus avanços, eu o fazia discutindo com meus livros, com minha cartilha, e como não tinha, a exemplo do Zezé, de *O meu pé de laranja lima*, uma árvore com quem conversar, fazia-o com meus alfarrábios, o que fez de mim um observador por excelência.

Assim, observando o comportamento desses meus amigos de infância, fui, paulatinamente, criando personagens para meu aprendizado, angariando pontos de análise para meu engrandecimento. Engrandecimento esse que, hoje, ao ver como a juventude se perde em conjecturas, é que posso ver como me fez bem aqueles momentos.

E foi assim que, com menos de 7 anos de idade, pois mal acabara de completar meu sexto aniversário, fui, em 7 de fevereiro de 1955, apresentado à escola, de uma única sala mista, com 40 e poucos alunos, distante alguns quilômetros do local em que residia, até porque, onde residia, o que se tinha às ordens era o "nada", mas um nada "rotundo" (como gostava de dizer o falecido Leonel Brizola), na mais absoluta identificação do termo.

Fui apresentado a Ricardo, Zacarias, Eronildes, Odete, Salvador, Adilson, Orlando, Nelson, Taluca...

Afinal, seriam eles, por todo aquele ano que se seguiria, meus colegas de classe, meus amigos de momentos e meus personagens nesta parte deste relato.

Em 1955, o Estado de São Paulo estava sendo governado por Jânio Quadros, um jovem e promissor professor de língua portuguesa, dono de uma meteórica carreira política, haja vista que assombrou o cenário político brasileiro com sua "subida" aos cargos mais representativos do Estado em tempo recorde.

O mundo da ciência lamentava a perda de Albert Einstein e nosso país chorava a morte de Carmem

Miranda, uma das mais badaladas cantoras da época, intitulada de "a pequena notável".

Foi também o ano do nascimento de Bill Gates, que viria a ser, anos depois, o fundador da Microsoft, que se tornaria, mais tarde, a maior empresa de informática do mundo.

Meu primeiro ano primário chegava ao seu fim, e eu fui, como era de se esperar, o melhor aluno naquela classe de mais de quarenta alunos. Iria, assim, no ano seguinte, enfrentar novos desafios, novos professores, novos amigos.

Uma coisa, porém, começava a mudar no bairro em que vivíamos: a companhia de eletricidade São Paulo Light começava a espalhar postes de instalação de energia elétrica em algumas ruas do bairro.

Contávamos, todavia, com um agravante: nossa casa era uma das últimas do bairro, construída numa das suas últimas ruas. Assim, o tão "sonhado" benefício de ter uma casa iluminada, de poder ouvir rádio (a válvulas), não nos contemplaria. Televisão, então, naqueles anos 50, nem pensar. Era objeto de altíssimo luxo!

Um cidadão, todavia, destacou-se na luta pela obtenção da extensão da energia para as demais ruas e casas do bairro. Esse cidadão, cujo nome era Ângelo Mariano, diferenciava-se dos demais na luta pela obtenção desse benefício. Seu dinamismo era indescritível, sua fé no porvir era invejada, seu espírito de cooperação era algo fora do comum.

Correu "abaixo-assinados", angariou recursos, discutiu com autoridades, expôs-se a ridículos, "engoliu sapos", perdeu preciosas horas de sono, perdeu dias de trabalho, aliou-se a outros "prejudicados" e conseguiu, finalmente, estender, para "nossa rua" e para "nossa casa" a tão sonhada energia elétrica.

Recordo-me, com absoluta nitidez, da emoção que se nos apossou quando, acionado o interruptor, nosso "barraco" se encheu de luz!

Era como se, somente naquele momento, estivéssemos começando a descobrir o mundo, usufruindo de coisas que, até então, desconhecíamos.

Com isso, as coisas começaram a mudar. As ruas deixaram de ser pacatas e desabitadas. Novas casas começaram a "pipocar" e as construções começaram a se fazer. Eram, porém, felizmente, pais de família que vinham de outros bairros, de outras imediações, de outros "infortúnios".

E foi assim que o pacato Morro Grande começou a perder sua identidade bucólica...

Com a chegada de outras famílias, com a construção de inúmeras (dezenas) novas casas, a escolinha mista que até então nos acolhia passou a se tornar pequena demais para tantos outros alunos.

A construção de uma escola maior se fazia urgente. Já não éramos 40 e poucos alunos numa classe, mas, sim, nestas alturas, 50 e tantos...

Existia, porém, em meio a toda essa situação de euforia, outro elemento que, a contrário de todos os demais, não estava, assim, tão feliz com toda aquela história, pois enquanto o Ângelo Mariano mostrava companheirismo, postura comunitária, elevado espírito cristão, dedicação e altruísmo, esse "outro" personagem, cuja identidade manterei no anonimato, mostrava todo o seu descontentamento pela reivindicação atendida.

Esse elemento, acostumado até então a sentir-se alvo das atenções por parte de alguns, era tido por outros como autoritário e truculento, e havia até quem dissesse à "boca-miúda" que aquela liderança toda nada mais era que fruto do medo e do pavor que infundia em parte daquela população.

MOMENTOS

Assim, dentro de sua esdrúxula filosofia de vida, era, para ele, inadmissível que um "mero" operário, um batalhador comum, de nome Ângelo Mariano, tivesse conseguido o que ele, "influente" e "poderoso", não conseguira. Mas, com ou sem a sua aprovação, o bairro amanhecia, a cada nova manhã, bem mais alegre e iluminado que antes.

Por essa razão, talvez, ele, "insatisfeito" comerciante, estivesse vendo nessa euforia toda uma possibilidade de "queda" na procura, em seu estabelecimento, por velas e querosene, usados até então como elementos de iluminação.

Enquanto tudo isso ocorria, outro cidadão, de bem mais marcante caráter, começava a ganhar destaque na batalha para a construção da nova escola, uma vez que aquela na qual estudávamos ficava, a cada dia, menor, ante a crescente procura por pais e alunos vindos de outras regiões.

A iluminação coletiva trouxera ao pacato bairro toda a projeção que até então soava para todos aqueles humildes moradores como meras conjecturas. Transformou-se, dessa forma, da noite para o dia, num bairro em franco e vertiginoso crescimento.

Esse cidadão, de nome Clodomiro Carneiro, esforçava-se de tal maneira para essa construção que, uma vez edificada a nova escola, outro nome não mereceria tanta homenagem, de forma que foi dado a ela o nome de *GRUPO ESCOLAR CLODOMIRO CARNEIRO*.

A "nova" escola, inaugurada em 1956, viria a abrir caminho para que outros alunos, de outros bairros, vindos de outras escolas, também ali fizessem suas inscrições e conosco participassem daquele convívio, que deixava de ser familiar, mas que continuava gostoso.

Cursei o 2.º, o 3.º e o 4.º ano daquele curso primário já na nova escola e, com enorme satisfação e nostalgia, relembro o dia de minha diplomação, diploma esse obtido com o máximo de média e aproveitamento entre todos os demais, que, nessas alturas, já não eram mais os quarenta e poucos com os quais iniciei, mas, sim, duzentos e tantos!

Alguns fatos, todavia, ocorreram nesses quatro anos de curso primário que não poderiam deixar de serem mencionados. Foram fatos que marcaram, que edificaram, que me ensinaram como almejar, como lutar, como obter.

Dessas lembranças, de todas e de tudo quanto isso possa ter representado, saíram os versos que, por sua singeleza, traduzem o que se me ocorre quando, absorto, busco, no fundo da alma, inspiração para compô-los e a infundada satisfação, hoje, ao lê-los:

1.

Eu fico, às vezes, parado,
Pensando os dias de infância
E não me saem da lembrança
Os bons momentos que eu vivi...
Não me esqueço da "escolinha",
E, tampouco, das professorinhas
Com as quais eu tanto aprendi!

2.

Não me esqueço das caminhadas,
Nas manhãs úmidas e friorentas
Pelas ruas sujas e lamacentas
Do bairro em que eu residia...
Lembro com nítida exatidão
Da enorme paz e satisfação
Que naqueles tempos usufruía!

3.

Lembro com incontida emoção
A lagoa de águas paradas,
Onde, com toda a meninada,
Eu me banhava até cansar...
Esses tão mágicos momentos
Não me saem do pensamento;
(E como é gostoso recordar)!

MOMENTOS

4.

Lembro-me o quanto sofri
Por falta dos bens materiais;
Mas sou muito grato a meus pais
Por esse "pouco" que ganhei...
Era um "pouco" tão sagrado,
E foi tão bem aproveitado,
Que só agora é que sei!

5.

Lembro da árvore que plantei,
(Com outros 2 companheiros)
E da alegria do jardineiro
Todas as vezes que a regava...
Eram momentos tão sagrados
E que me faziam respeitado,
Enquanto o tempo passava!

6.

Sinto uma saudade infinita
Do "dia da diplomação";
E da (incontida) satisfação
Por já ser um alfabetizado...
Eu era um aluno decente,
Tão "CDF" e inteligente,
Que era sempre invejado!

7.

Mas, o tempo passou ligeiro
E sou, hoje, homem formado;
(Orgulhoso demais do passado,
Que venero com satisfação...)
Mas, a saudade, hoje, me faz
Voltar 55 anos atrás
E sofrer com a recordação!

8.

E quando me ponho a pensar
Nesses dias (que longe vão),
É tão forte a minha emoção,
Que eu nem consigo explicar;
E pergunto a quem responder:
Por que é que eu fui crescer?
Mas, ninguém dá a explicação!

9.

Resta, portanto, a lembrança,
Um direito que ainda tenho;
E, com enorme prazer, detenho,
Armazenado em minha mente...
Ah quem me dera, hoje, ter
A fórmula pra não envelhecer,
Para ser feliz eternamente!

A ÁRVORE

Comemorávamos, naquele remoto setembro de 1956, as festividades de encerramento da semana da árvore. Naquela época, por dever cívico, e até por imposição de currículo escolar, comemorava-se uma semana inteira de festividades em homenagem àquela que, segundo nossos mestres, era a nossa principal fornecedora do ar e de oxigênio.

Como parte dessas festividades, foi sugerido que nós, então no 2.º ano primário, estudando num novo e pomposo prédio, de nome identicamente pomposo e de classes novinhas e cheirando a tinta, compuséssemos uma redação a respeito da árvore, sendo que, no último dia das comemorações desta semana, as redações seriam analisadas e seus melhores elaboradores seriam homenageados.

Como ato principal dessa homenagem, uma árvore seria plantada em frente ao novo prédio da nova escola, por três alunos, que, por sua vez, seriam auxiliados pelo "Seu Dante", desempenhando o papel de jardineiro. Esses alunos seriam destacados entre todos os demais matriculados da escola que participassem daquele concurso de redação. Eu fui um desses alunos!

Minha redação, embora não tenha sido a melhor das três, e, sim, a terceira melhor em toda a escola, tinha nuances de saudosismos, que hoje analisados levam-me a concluir que era a própria formação patriótica daqueles professores que nos levaram a assim assimilar sua importância.

Eu dizia, entre outras coisas, que:

... A árvore nos acompanha em todos os trajetos de nossa vida. Ela nos serve de berço ao nascer, de lápis ao aprendermos, de banco escolar, ao nos acomodarmos na escola onde aprendemos, de mastro da bandeira com a qual honramos as nossas institui- ções, de madeira para a construção das casas onde moramos, de genuflexório nas igrejas onde agrade- cemos a DEUS por nossas vidas, de mesa, frente à qual nos assentamos diariamente para mitigar nossa fome e, finalmente, de caixão, que nos conduz à última etapa de nossa existência...

Assim, é com indecifrável emoção que, como 3.º melhor colocado na elaboração daquela redação, ajudei a plantar aquela árvore, que foi, para mim, um dos mais marcantes momentos de minha edificação.

Afinal, se for um fato que o caráter de um cidadão se baseia nas árvores que planta, ou que "ajuda a plantar", eu já havia ajudado a plantar a primeira das minhas árvores!

Ajudei a plantá-la, servindo-me de um regador de plástico (coisa identicamente rara naqueles tempos, haja vista que todos os utensílios de casa eram de zinco, de folha de flandres, de pau), com o qual molhei a terra, que já havia sido acondi- cionada em torno do "raminho" de árvore pelo 2.º melhor colocado e que, por sua vez, fora colo- cado, pelo 1.º colocado na cova que o Seu Dante já havia aberto.

Aquele 23 de setembro de 1956 ficou, de forma insofismável, gravado em minha mente, e, hoje, com 50 e tantos anos de "estrada", ainda me emociono ao recordá-lo. Foi, esse, repito, um dos fatos que faço questão de jamais apagar, pois, ainda que o quisesse, não conseguiria.

Dirá até, talvez, um ou outro menos saudosista que plantar uma árvore é um acontecimento trivial, que na floresta amazônica elas são incontáveis e que noutros locais do universo elas nascem sozinhas...

Não lhes tiro a razão, nem com eles discuto a forma de assim pensar. O que faço, porém, de forma a nunca ter a menor dúvida sobre esses sentimentos, é guardá-los a sete chaves, pois são sentimentos tão sagrados e tão puros que somente o túmulo, um dia, irão profanar.

Passando, hoje, por aquele pedaço de rua, no final da Estrada da Pedreira do Morro Grande, e vendo aquela árvore pomposa e taluda que ali se acha, não consigo impedir que se me encham os olhos d'água. Afinal, tem nela um pedaço de mim, de minha infância, de meu passado, de minha vida!

Ademais, se, de fato, a gente se realiza ao plantar uma árvore, ao escrever um livro e ao tornar-se pai, a primeira dessas três metas eu acabara de cumprir.

Outras e outras árvores viriam a ser, tempos depois, plantadas, pois, de uma forma ou de outra, estamos sempre semeando, na insana e constante busca por aquilo que sempre queremos, mas que, às vezes, nem sempre obtemos...

A PAINEIRA "MAL-ASSOMBRADA"

Estávamos agora no ano de 1958.

Era o nosso 3.º ano de curso primário.

Eu continuava a estudar numa classe mista, mas não me abatia nem me envergonhava por estudar com as meninas da época, pois sempre fui muito aplicado e atencioso nas aulas. Assim, com elas ou sem elas, meu desempenho de aluno seria o mesmo.

O mundo registrava, naquele ano, o lançamento, pelos Estados Unidos, de seu primeiro satélite, o *Explorer*, e no Brasil, comemorava-se a 1.ª conquista de um título mundial de futebol, pela nossa seleção, em gramados da Suécia.

Nascia Cazuza.

Juan Maria Fângio, um corredor argentino de Fórmula I, retirava-se do automobilismo mundial coberto de glórias por ter sido o primeiro piloto a se tornar pentacampeão mundial de automobilismo.

Foi também o ano do nascimento da atriz Claudia Jimenez.

Indiferente, todavia, a tudo isso, eu seguia a minha rotina de bom aluno e de excelente colega de turma e de classe. Como integrava uma sala mista, as "meninas" de nossa classe eram nossos atrativos, apesar de toda a minha timidez.

O que não deixava de fazer, nalgumas vezes, era, "enviesando" a vista, dar uma "espiadela" para uma ou outra que, por descuido, ou ainda, propositalmente, mostrava um pedaço de suas anatomias escondidas, em situações normais, pelas longas saias que usavam naqueles tempos.

Afora esses "prazeres esporádicos", pouca coisa ocorria de anormal, mas, como bom colega que era, eu respeitava colegas de classe e era, na mesma proporção, querido por todos.

Eram meninas de minha idade, algumas mais, outras menos, mas, no fundo, todas como eu — muitos, pobres e humildes, estudando naquela escola mista com o prazer de quem frequentava a mais luxuosa das salas de aula, tal era nosso afinco e nossa dedicação àquelas aulas.

Por se tratar, todavia, de classe mista, havia no currículo escolar, naqueles anos, a obrigatoriedade das aulas de canto para as alunas, aulas essas que a professora de canto, Dona Eunice, chamava pomposamente de "orfeon", fazendo, inclusive, aquele "biquinho" tão característico quando se aplica ao vocábulo comum uma ou outra palavra normalmente usada nas palavras de origem francesa.

Aquilo era um deleite para nós, os garotos, pois significava sair mais cedo da classe.

Por esse motivo, nessas aulas que aconteciam todas as sextas-feiras, os meninos eram dispensados em meia hora antes do final da aula, e assim, tão logo víamos surgir a professora de canto, já nos púnhamos em polvorosa, uma vez que essa meia hora a menos de aula nos dava condição de, em desabalada carreira, rumarmos para nossas casas e podermos ouvir meia hora a mais de rádio (pois a TV ainda era objeto de luxo em nossa região).

Quem, por acaso, tinha uma TV em casa, era tido por abastado, mas, mesmo assim, elas eram desajeitadas e enormes, movidas a válvulas que só funcionavam depois de "esquentar", coisa que só acontecia de 5 a 10 minutos após serem ligadas.

Ainda era normal, nas casas de alguns "abastados", as geladeiras movidas a querosene e as televisões movidas à bateria de carro. Assim, o rádio, para muitos de nós, era motivo de devaneio nessa meia hora a mais que tínhamos às sextas-feiras.

A programação naqueles anos 50 era diversificada entre anúncios de sabonetes "Cinta Azul", de "Creme Rugol", de "Emulsão D'scott", de "Crush", e programas de calouros, assim como o *Programa Manoel da Nóbrega*, que eu, como todo garoto, gostava de ouvir, uma vez que um de seus personagens principais era o irreverente Ronald Golias.

Não escapava também à nossa preferência os programas de humor *Prk30*, com Zé Fidelis e os gozadíssimos Lauro Borges e Castro Barbosa.

Assim, essa meia hora era gasta em ouvir esses programas de rádio que tanto nos tornavam absortos. Vicente Celestino, Nelson Gonçalves, Orlando Silva, Dalva de Oliveira eram os cantores que mais nos enlevavam.

O caminho, todavia, até a escola, era formado de uma enorme subida (que evidentemente se transformava numa descida ao voltar), cercada de mato em ambos os lados, com uma trilha bem formada e demarcada no meio, sendo que nessa vegetação destacava-se a guaxuma, espécie de cipó rasteira, muito forte, que teimosamente avançava pela trilha de chão que já havíamos formado, por tanto que a utilizávamos.

Essa vegetação, portanto, dura e resistente como se fosse, de fato, um cipó, amarrada de um lado ao outro da trilha, era uma armadilha perfeita, pois na "desembalada carreira" com que vínhamos, nunca tínhamos tempo de prestar atenção para onde se achavam, ou não, com as pontas amarradas.

Não obstante, havia no caminho entre a escola e o bairro em que morávamos uma enorme paineira,

MOMENTOS

com mais de 2 metros de diâmetro e uns 50 metros de altura, em cujo tronco, oco, eram feitos, às vezes, despachos de macumba, onde as velas queimavam dias e dias.

Como o bairro se achava em plena ascensão geográfica e demográfica, os adeptos dessa religião realizavam nessa paineira, situada fora do perímetro do bairro, seus "trabalhos religiosos".

Mas, não se pode falar em cordas nas casas de enforcados. Da mesma forma, não se podia querer que, em plenos anos 50, as crendices e as lendas não ocupassem parte das mentes dos moradores daquele bairro.

Para apregoarem uma situação, sustentá-la e levá-la adiante, não mediam muitos esforços. Dessa forma, resolveram alardear que no tronco daquela paineira, às sextas-feiras, por volta de meio-dia, eram vistas aparições, fantasmas e "almas penadas".

Ora, eu também era garoto. Também tinha uma formação religiosa calcada naquilo que o padre falava na missa dos domingos. Era forçado, vez por outra, por minha mãe (exímia "comedora de hóstias"), a ouvir, na Rádio São Paulo, as Missas do Padre Donizete...

E aquela gente humilde e pobre, naquele bairro paupérrimo e distante dos grandes centros, levava muito a sério o que era dito nas missas, de que, segundo palavras do Padre, quem praticava macumbas ou despachos tinha "parte com o demo".

Por isso, e como a nossa dispensa antecipada em meia hora às sextas-feiras fazia com que estivéssemos passando em frente àquela paineira por volta do meio-dia, todos, inclusive eu, descíamos aquela ladeira numa espetacular e inusitada correria. Ninguém queria estar passando por perto da paineira por volta do meio-dia.

Nem eu!

Ocorreu, porém, que, antes do nosso grupo usual de "rapazes" passar por aquela picada íngreme, outro camarada, meio "antissocial", meio desligado do grupo, meio rebelde, meio levado da breca, numa dessas sextas-feiras, passou antes que nós pela "trilha", amarrou as pontas da guaxuma de forma a escondê-la entre os arbustos laterais que cresciam por ela.

Ora, eu também acreditava naquelas estórias das "almas penadas" contadas por moradores mais antigos do bairro e, por isso, não queria ser um dos últimos a passar pela trilha e, consequentemente, pela paineira, haja vista que, com a dispensa de meia hora, estaríamos automaticamente passando pela paineira, como já falado, por volta do meio-dia.

Assim, em espetacular carreira morro abaixo e não notando as pontas amarradas da guaxuma, enrosquei-me nesse ardil e rolei, espetacularmente, por três metros, ou mais, ladeira abaixo.

Não sobrou uma só parte em mim onde não tivesse raladuras e espinhos obtidos nessa queda por causa da qual, dada a enorme "ingrimidade" do terreno, rolei sem parar por vários metros.

Aturdido e enfurecido, haja vista que todos nós sabíamos daquela "armadilha" e ninguém queria ser sua vítima, voltei morro acima, recolhendo meu material escolar que se desprendera de minhas mãos com a queda. Havia lápis e cadernos por toda a distância pela qual eu havia rolado.

O que mais doía, entretanto, era a dor do "mico" a que fui submetido, pois eu, como todos ali, era conhecedor da armadilha, até porque eu também já houvera ajudado, vez por outra, a preparar as armadilhas das pontas amarradas.

Foi quando, até meio sem querer, olhando para um dos lados da trilha, notei, rindo a não mais poder, aquele mesmo garoto a quem rotulávamos de "antissocial", e pela satisfação com que assistia ao meu infortúnio, outro, que não ele, teria sido aquele que amarrou as pontas da guaxuma.

O nome desse molecote era Dormércio, a quem alguns mais ousados chamavam de "kid patolinha", apelido que lhe fora dado pelos colegas daquela escola, pelo seu físico avantajado e atarracado, o que não impedia, entretanto, que seu andar fosse todo anormal e capengante, consequência das várias cirurgias que já houvera sofrido nos pés, vítima que fora, noutros tempos, da temida, para nós, à época, paralisia infantil.

Mas, mesmo sendo ele todo "torto" e desajeitado, era um verdadeiro "capeta" quando o assunto era cometer traquinices contra os outros.

Nesse dia, meu tombo, minhas raladuras, minhas frustrações, minha desventura foram, todas, creditadas a ele.

Nada, porém, como um dia após o outro...

Passei uma semana todo dolorido, febril e "mordido" por dentro. Não via, pois, a hora de ver chegar a próxima sexta-feira. Eu ardia de febre e de vontade de me vingar daquela "vendetta".

Sem dizer que aquele rapaz, que mais tarde veio a tornar-se um dos bons amigos que tive na vida adulta, era também um daqueles que tinha medo dos "fantasmas" da paineira. E a tão aguardada sexta-feira seguinte, enfim, chegou...

Na maior expectativa do mundo, não descolava os olhos da porta da classe, que, a qualquer momento, a professora de canto iria adentrar para anunciar seu refrão habitual, anunciando que era hora do "orfeon".

Duas coisas me enchiam de expectativa: saber que com seu aviso estaríamos dispensados meia hora mais cedo e ainda, o "sarrinho" gostoso que todos nós tirávamos de sua tentativa de "afrancesar" o anúncio da aula de canto.

Pois nem bem ela havia, naquela sexta-feira, pronunciado o "O", de *orfeon*, com seu biquinho afrancesado, eu já me achava de pé e pronto para ser um dos primeiros alunos a abandonar a sala e daí para a rua.

Saí, naquela sexta, atropelando a tudo e a todos, pois queria ser o primeiro a passar por aquela trilha.

Queria ser o primeiro a "amarrar" as pontas da guaxuma. Queria vingar-me da sexta anterior, quando a vítima tinha sido eu. Eu não só queria. Eu precisava!

E assim foi feito!

Sorrateiramente, escondido entre os muitos arbustos que faziam parte da mata que ladeava a trilha, assisto, entre feliz e surpreso, à correria dos meus colegas que, sem importar-se com nada, desciam, atropelando-se uns aos outros, a ladeira que os levaria ao fim daquela mata e, por conseguinte, para longe da paineira "mal-assombrada".

A minha satisfação foi enorme ao ver que quem puxava a fila era ele...

Isso mesmo, o Dormércio! Aquele mesmo Dormércio que na sexta anterior havia se deleitado com meu infortúnio...

Eu vibrei como nunca, vendo-o, ao ser colhido pela armadilha, rolar espetacularmente, tanto quanto eu, ladeira abaixo, exceto que, dado seu defeito físico, seu tombo foi ainda mais espetacular!

Nesse dia, até esqueci dos "fantasmas" da paineira, pois havia me vingado de forma tão divina que, passando em frente àquela árvore, símbolo de meus medos, nada vi.

MOMENTOS

Enquanto ainda comemorava o sabor gostoso da vingança, aproxima-se de mim o Zacarias, um dos grandes amigos que tive e, ao dar-me os parabéns, mostra nas entrelinhas o mesmo prazer que eu sentia naquele momento.

Fizemos o resto do percurso rindo, gargalhando e comemorando. Passamos em frente à "tal" paineira e nem sequer nos assustamos.

Estava desfeito o mito, afinal, nunca houvera árvore mal-assombrada, exceto, é claro, nas nossas imaginações, e a partir desse dia, já não me importava tanto em passar ou não passar pela paineira, por volta das 12 horas ou qualquer hora que fosse.

Uma coisa até hoje me satisfaz ao narrar esse episódio, foi a forma justa como a natureza se encarregou de "punir" aquele que me havia afrontado. Prevaleceu, pois, para mim, naquele dia, a máxima que sempre ouvia meu pai proferir: "aqui se faz, aqui se paga"...

A partir, porém, desse dia, superado o medo que nutria pelos "fantasmas da paineira", passei a ver com mais clareza o quanto aquele povo, naquele bairro, ainda se agarrava aos "disse-me-disse", às crendices, às fanfarronices.

Analisados, todavia, hoje esses fatos, vejo que tinham razão. Nada tinham para fazer e, por isso, nada faziam exceto crer no inconcebível e apregoar fatos nem sempre dignos de credibilidade.

O TIO ARMÉLIO

Mas momentos são momentos.

Dependendo da forma como os vivemos, eles ficam na memória da gente, e de lá só os tiramos se forem momentos que nos incomodam ao serem recordados.

Se forem, todavia, marcantes, enriquecedores ou edificantes, permanecerão em nós para sempre.

Desse tio e de suas "pataquadas" posso falar com cátedra, pois esses momentos não foram apagados da minha lembrança, e as "estórias" permaneceram de tal forma que não me canso de relembrá-las, tão ricos foram os momentos que as geraram.

Esse meu tio, por parte de pai, morava no interior do estado do Paraná, numa cidade de nome Cornélio Procópio, onde, por ter suas reservas, era considerado um dos "bam-bam-bans" da cidade, uma vez que cidade e roça eram, naqueles anos, quase a mesma coisa.

Sempre que podia, vinha a São Paulo e à nossa casa, e para não fugir do hábito, mantinha entre nós a mesma indumentária com a qual se misturava a outros colonos ou donos de sítios e fazendas.

Desnecessário se faz dizer que, naqueles anos 50, essa indumentária compunha-se até mesmo da tão inseparável "cartucheira", amiga de todos aqueles sertanejos, assim como as famosas botas "ringideiras".

Mas, tio Armélio, analfabeto de nascença, ao nos visitar, fazia-nos as mais absurdas vontades, satisfazendo os nossos mais comezinhos desejos.

Era dotado de um "coração de mãe" e, por isso, era também muito estimado pelos amigos de meu pai, que sempre o assediavam, à espera de ouvir estórias e mais estórias, "causos" e mais causos que ele até ingenuamente desfiava.

Ocorre que, para chegar à nossa casa (aliás, à nossa casa, não, e sim nas proximidades, nos confins de São Paulo), era necessário servir-se de um ônibus que passava pelo Vale do Anhangabaú, no túnel construído durante a gestão do então governador de São Paulo, de nome Ademar de Barros, dando-se, assim, àquele túnel, o folclórico nome de "Buraco do Ademar".

Meu pai sempre lhe recomendava que, para não se perder em São Paulo, analfabeto que era, ele deveria pegar aquele ônibus num certo ponto em que havia uma propaganda de um "certo elixir", em que, por força do efeito da bebida, um homem engolia um boi pela cabeça, com chifre e tudo...

E assim, ele procedia todas as vezes que vinha nos visitar, usando a propaganda do ponto de ônibus como sua maior referência.

Um belo dia, procurando pelo ponto, e não o encontrando, vendo-se perdido, segundo suas próprias palavras: "em pleno centro de uma grande cidade", começou a perguntar a quem quisesse lhe responder como é que se fazia para pegar um ônibus em cujo ponto havia um homem engolindo um boi pela cabeça...

Não sabendo expressar-se melhor e não tendo como comunicar-se com nossa família (fax, telefone, internet, naquela época, nem pensar), insistia em suas perguntas, e a tantos quanto perguntasse a explicação era a mesma: precisava pegar o ônibus num local onde um homem engolia um boi pela cabeça. Não lhe vinha à imaginação outra ou melhor forma de expressão, tal seu nível de "turrice".

Um guarda civil, a quem ele dirigiu a mesma pergunta que já havia feito por dezenas de vezes a outros transeuntes, resolveu não só não orientá--lo, como lhe dar ainda voz de prisão por tamanha "idiotice".

Não se sabe como nem porquê, o fato chegou ao conhecimento de um certo engraxate que conhecia meu pai, conhecia aquele tio por várias outras vezes que já haviam se falado quando de suas constantes vindas a São Paulo, e intercedendo junto ao guarda civil, resolveu-lhe o problema, levando-o ao ponto que ele queria e que havia sido mudado para o outro lado do Vale do Anhangabaú.

Não foi, todavia, somente essa peripécia que ouvi ou a que assisti desse tio.

Noutra dessas, em passeio pelo centro de São Paulo, acompanhado de meu pai que lhe servia, como sempre o fazia, de anfitrião quando de suas vindas à cidade grande, assisti, como testemunha ocular, a outro episódio digno de nota...

Existia, naquela época, na Avenida São João, na altura da Rua Conselheiro Crispiniano, uma loja de venda de armas, de nome "Casa Bayard". Sempre que ele vinha a São Paulo, comprava ali, para levar para seu sítio ao retornar para sua cidade, um ou outro tipo de arma, munição, coisas assim.

Nesse dia, estávamos parados, eu, meu pai e ele, à porta da loja, de costas para a calçada, enquanto ele contemplava esta ou aquela "raridade" com a qual pretendia se munir.

Num determinado momento, adentraram a loja dois "estrangeiros", que, em suas línguas, faziam também ao vendedor determinadas perguntas sobre as mesmas armas que meu tio estava interessado em adquirir.

Foi o suficiente!

Não lhes entendendo o tipo de linguajar e imaginando-se "lesado" em suas intenções de ser servido antes, vira-se para os dois e, dedo em riste, pergunta-lhes, em seu dialeto "caipirês", se eles não tinham o que fazer, ao invés de tentar comprar antes dele a arma que ele, há mais de dez minutos, namorava à porta da loja.

Que fossem, então, ambos, à PQP!!!

Os dois "estrangeiros", apalermados, além de também não lhe entender o "dialeto", fugiram, desembestados, Avenida São João afora e nem sequer se despediram do amável vendedor que insistia para que voltassem e continuassem aquela transação.

Em mais uma, a que me foi possível assistir, haja vista que, como se falou, apesar de seus arroubos de ignorância e turrice, era pândego e bom companheiro, e eu gostava de sua companhia, fui, com ele e meu pai, ao escritório de um advogado trabalhista de nome Dr. João Batista Ramos, instalado no Edifício Santa Tereza, tempos depois demolido para que se fizesse ali a Estação Sé do metrô.

Acontece, porém, que, naquele dia, meu pai, perfeito anfitrião, já o havia levado a vários locais e, como de praxe, era ele, meu pai, que pagava o cafezinho servido na Padaria Santa Tereza, na Praça João Mendes, o bonde, o cinema e tudo quanto fosse outro envolvimento qualquer de que naquele dia tivessem participado.

Mas, meu tio, além de bom ao extremo, de analfabeto de nascença, de turrão e de teimoso, era também orgulhoso. Também queria pagar as coisas que meu pai, prazerosamente, antecipando-se a ele, todas as vezes pagava.

O escritório do Dr. João Batista Ramos era um primor de modernidade e ficava no 5.º andar do prédio onde, no térreo, funcionava uma loja de roupas sob medida, de nome R. Montezano, de forma que se atravessava toda a loja para, nos fundos do corredor, ter-se acesso aos elevadores que levavam ao escritório do advogado.

E a modernidade, para aqueles tempos, chegava nesse escritório ao cúmulo do requinte. Quando o elevador parava neste ou naquele andar, imediatamente uma voz feminina, de timbre bem sensual e pausado, era ouvida e, entre outros lembretes, pedia que tomássemos cuidado com os degraus e coisas assim.

Meu tio, naquele dia, já estava até, segundo ele próprio, de "saco cheio" por não ter tido a oportunidade de pagar nada do que já houvéramos participado, uma vez que, na condição de nosso convidado, cabia a meu pai essa obrigação.

Mas, ele era um sertanejo orgulhoso e, tão logo a "voz" se fez ouvir, enfiando a mão na "algibeira", tira um punhado de notas, e antes mesmo que meu pai tivesse tempo de protestar, pergunta:

— Quanto é? Este, eu pago!

Meu tio nos visitou ainda depois desses episódios, várias outras vezes, e sempre que vinha à nossa casa, tinha seus "causos" pra contar, à exceção de que, ao lhe falarmos desses fatos por ele cometidos, negava sempre, dizendo não se lembrar dessas coisas todas.

Porém, lembrava-se sempre e nos contava com ênfase do dia em que, brigando com seis outros elementos no "Bar do Júlio", em Vila Brasilândia, não deixou um só móvel inteiro, e coube a meu pai, que por acaso por ali passava, a famosa "contornadinha" na situação para que ele não passasse a noite na delegacia de polícia!

Assim era o Tio Armélio. Ignorante, bronco, truculento, analfabeto, mas dono de um coração de manteiga.

O TERNO AZUL
- (PARTE 1)

Estávamos, agora, no ano de 1959.

Meu curso primário chegava ao seu final e, nesse ato, sem nenhuma humildade, afirmo com prazer a forma como obtive meu diploma: foi, de novo, em 1.° lugar de toda a escola, como também já havia sido na passagem do 1.° para o 2.° ano, do 2.° para o 3.° e do 3.° para o 4.° ano.

Neste ano, a França ganha um novo presidente, e Charles de Gaulle torna-se esse novo líder para os franceses. Esse mesmo Charles de Gaulle que, um dia, disse que os brasileiros não sabiam votar... Todos, à época, indignaram-se contra essa afirmativa. Parece-nos, todavia, hoje, que "ele" tinha razão!

Em Cuba, Ernesto Che Guevara e Fidel Castro derrubam a ditadura de Fulgencio Batista e assumem o poder popular sob enorme ovação dos cubanos.

Em São Paulo, era empossado um novo governador, um cidadão jovem e de enorme prestígio no meio político paulista e brasileiro, cujo nome, pomposo, causava-nos dificuldade em memorizar: Carlos Alberto Alves de Carvalho Pinto.

Nas eleições para vereador por São Paulo, é eleito um "Cacareco", com mais de 100 mil votos, que foi uma das formas do "povão" paulistano expressar sua insatisfação com alguns dirigentes da época.

Morre Heitor Villa-Lobos.

A brasileiríssima tenista Maria Esther Bueno conquista, aos 19 anos, seu primeiro título em Wimbledon, na Inglaterra.

É o ano da fabricação do "fusquinha", o primeiro "fusca" brasileiro.

Foi também o ano de nascimento do antigo apresentador Gugu Liberato, que viria a se tornar, tempos depois, a promessa eventual do mais famoso ainda Silvio Santos. A premissa não vingou, e ele foi contratado pela TV Record.

Para mim, todavia, só uma só coisa importava: eu era homenageado, em 14 de dezembro de 1959, por ter sido, em todos os quatro anos de minha passagem por aquela escola, o melhor de todos os alunos, que, a essas alturas, já eram mais de 500, em confronto com os 40 e poucos com os quais eu começara 4 anos atrás...

O bairro crescera.

Muitas daquelas casas humildes haviam, agora, se transformado em "casas de alvenaria". Novas e largas ruas haviam sido construídas.

Nossos vizinhos eram agora, dentre tantos, alguns novos cidadãos, vindos de outros bairros, e acompanhando o crescimento do bairro, alguns pontos de comércio já se faziam notar.

O armazém do "Seu Irineu", onde meu pai fazia a compra mensal, era um desses pomposos locais de compra e venda de gêneros de primeira necessidade.

Com ele, novos pontos comerciais surgiram, como o "bar do Seu Lacerda", a "quitanda do Seu Dário" e a "venda do Marcionílio", com suas filhas bonitas, mas extremamente tímidas, apesar de que, por timidez também da minha parte, eu nunca lhes soube sequer os nomes.

Eu tinha um irmão mais novo que eu, tão levado da breca que era sabido por todos, em toda a rua em que morávamos, o quanto ele apanhava da minha mãe.

No fim da rua, filhas do "Seu João de Deus", havia a Cleusa, por quem eu tinha uma certa "queda" (mas morria de medo do pai dela), e sua irmã mais velha, a Maria Luiza, que raramente passava em frente à nossa casa sem perguntar àquele meu irmão quantas vezes ele havia apanhado naquele dia...

Eu já não ia à escola, nesse último ano primário, de tamancos, como nos primeiros anos, mas sim de um calçado feito de lona, com solado de cordas, ao qual dávamos o nome de "alpargatas roda".

Mas, nem todos os garotos da rua tinham um sapato desses. Muitos já calçavam sapatos de couro. Só os "mais pobres" é que usavam alpargatas roda. E sempre fomos uma família pobre.

Era um calçado grosseiro e de feia aparência, mas servia para nos acomodar os pés da friagem que, naqueles anos 50, era comum em nossa metrópole, friagem essa que vinha sempre acompanhada de uma garoa intensa e incômoda que dava à cidade uma aparência sombria e taciturna, mas que hoje nos enche de nostalgia ao lembrar da referência que se lhe era feita quando a chamavam de "São Paulo da garoa".

Todos nós, formandos, precisávamos, naquele ano, receber o nosso diploma de terno, mas eu nunca tive um. Almejava por esse dia, haja vista que com 11 anos era já sonhador e vaidoso.

Mas, apesar das precariedades e dos desconfortos típicos da época, minha mãe jamais permitiu que andássemos sujos ou rotos, e eu, com 11 anos de idade, já cultivava a minha vaidade e gostava de ser notado pelas garotas de minha idade na rua em que morava, e dessas destaco uma de quem até hoje me lembro com nostálgica saudade. Seu nome era Elizabeth, loira, miúda, tímida, educada e linda.

Foi assim que, nesse dia, entre os mais de 500 alunos do Grupo Escolar Clodomiro Carneiro, eu recebi das mãos da diretora da escola, Dona Bárbara (cujo sobrenome, de novo, confesso não recordar), o meu certificado de alfabetizado.

Trajava, nesse dia, um terno azul, cor que, aliás, por muitos anos e por vários episódios, marcaria a minha vida. O azul sempre foi a cor com a qual eu mais me identificava.

Recebi meu diploma com uma emoção que jamais se apagará de minha mente, e embora decorridos, hoje, mais de 50 anos, ouço nitidamente as vozes de outros alunos, formandos como eu, quando entoavam o "Hino do Estudante", cujas palavras estão, de forma "inapagável", gravadas em mim...

> *"Adeus, amada escola, adeus,*
> *Como é triste, o despedir...*
> *Queridos mestres, mestres meus,*
> *Choro a hora de partir!*
>
> *Não sei contar, não sei dizer,*
> *Como é enorme esta dor...*
> *Eu nunca hei de esquecer*
> *Este estudo... encantador!"*

Parecia um sonho. Eu estava alfabetizado. Estava pronto para novos desafios, e eles não foram poucos.

Antes, porém, que esses desafios se consumassem, ainda na condição de garoto, passei por outros envolvimentos tão marcantes e inesquecíveis que não poderia deixar de relatá-los nestas confissões.

Mas, terminava, assim, minha participação como aluno naquela escola de tão saudosa lembrança. Recebera, com menção honrosa, o "canudo" de papel que me habilitaria a novos desafios e novas empreitadas, que aliadas a novos sucessos, como também novos fracassos, viriam no seu devido tempo.

Alguns nomes, todavia, jamais se apagaram da minha mente, e não havia como nem por que apagá-los.

MOMENTOS

Destaco, entre eles, Seu Gilberto, o meu professor no 1.º ano; Dona Maria de Lourdes, a doce "velhinha" de cabelos brancos que tão carinhosamente me tratava; seu Dante, o servente, que era o verdadeiro "factótum" da escola, uma vez que, misturando suas funções de servente com jardineiro, ajudara-me a plantar, em 23 de setembro de 1956, a minha primeira árvore. São nomes que reverencio e, se ainda vivos, que se lembrarão do carinho que lhes dediquei.

Outros amigos, todavia (e não só da escola, mas como do próprio bairro), são aqui citados com carinho e saudade. Marcaram demais minha existência pela forma como integram estas memórias e pela forma como delas nunca saíram.

47

RICARDO MARIANO

Para falar desse amigo e camarada, tenho que retornar ao meu primeiro dia de aula...

Era 7 de fevereiro de 1955.

Estávamos vivendo o nosso primeiro dia de aula, em nosso primeiro ano primário. Era nosso primeiro contato com um mundo que, para todos nós, apresentava-se como incógnita.

Era um mundo que aguardáramos, porque ansiáramos, e que não víamos a hora de integrá-lo, mas nem por isso deixava de ser, a princípio, dada a nossa própria condição de humildes ao extremo, um mundo totalmente estranho para todos.

Nossa escola, como já foi dito, constituía-se de uma única sala mista, com 46 alunos, formada, em sua maioria, por meninos e meninas na faixa de 7 a 10 anos.

Alguns, como eu, eram recém-ingressos nos 7 anos. Eu, aliás, excepcionalmente, nem mesmo 7 anos tinha, haja vista que iria completá-los somente em 14 de outubro daquele ano.

Por isso, ter ao lado um garoto de 11 anos como o Ricardo, repetente de outras escolas, era vê-lo como "veterano" entre nós.

Nossa expectativa pela forma como iríamos nos dar com nossos futuros mestres era algo palpável. Nossa esperança naquele aprendizado era visível em cada rosto.

Assim, acomodados em nossas carteiras, aguardávamos ansiosamente pela entrada daquele que, por todo aquele ano, haveria de se constituir numa das pessoas mais espetaculares que até então nossas parcas experiências nos haviam mostrado.

E esse professor tão logo adentrou a sala de aula onde ansiosamente o aguardávamos, sem nem mesmo nos dizer "bom dia", fez, de "supetão", a seguinte pergunta:

— Meninos! Eu estou muito feliz hoje! Alguém, entre todos vocês, saberia, por acaso, me dizer por quê?

Levanta-se, nessa hora, meu colega de carteira, de nome Ricardo José Mariano, que, apesar do sobrenome Mariano, não era meu parente em qualquer grau, e ante o assombro de todos nós, seus colegas, responde:

— O Sr. está contente hoje, porque o Corinthians foi campeão paulista ontem!

— Ok! Nota mil pra você! — foi o que recebeu por resposta.

Isso havia de fato ocorrido. Por motivos que não soubemos quais, a decisão do Campeonato Paulista de Futebol de 1954, envolvendo Palmeiras e Corinthians, havia sido decidida em 6 de fevereiro de 1955, véspera daquele nosso primeiro dia de aula. Eu até então, nem por descuido, tivera ouvido alguma vez a palavra Corinthians.

Aconteceu, porém, que, a partir daquele momento, incentivado pelo Ricardo e por aquele professor corinthiano, passei também a interessar-me pelas coisas que envolviam o alvinegro mais querido do mundo, tornando-me, como eles, corinthiano. Nem é preciso que se diga que dessa data em diante tudo o que se relacionasse com o time que eu resolvera adotar atraía a minha atenção.

Tornei-me um dos mais ferrenhos defensores de sua causa e um dos mais estudiosos sobre o assunto.

Escrevendo, agora, essas memórias, lembro-me do dia em que, levados pelos "Mano Véio e Mano

Novo", da Rádio Bandeirantes, encontro-me diante de Patativa do Assaré, um dos maiores mitos da literatura de cordel do Brasil e quiçá do mundo, e ele me fala exatamente dessa "qualidade".

Esse ídolo de muitos brasileiros, a partir de então, tornou-se também meu ídolo, seu nome era venerado no Nordeste brasileiro tanto quanto, guardadas as proporções, embora perdesse, nessa preferência, apenas para o "famoso" Padre Cícero.

Pois bem, esse "ícone" da literatura de cordel, ao saber que meu nome era Divino, saiu-se num improviso digno de nota:

> ..."O seu nome é Divino,
> Mas te chamam de Mariano;
> Tu tem cara de São Paulino,
> Mas tu é Corinthiano"...
> Tudo aquilo que você faz
> É só depois de muitos planos!
>
> Você é um "cabra" batuta,
> Você é um sujeito decente,
> Você é um bom camarada...
> Você não é dissimulado,
> Você é um ser determinado
> E tem a aura iluminada!...

E os próximos cinco minutos que se seguiram foram gastos por ele para enaltecer as qualidades de um corinthiano de coração, coisa que, confesso, arrepiou-me até a medula, tão marcantes foram aquelas frases por ele empregadas.

Passado esse fato, deste primeiro dia de aula, fui reencontrar o Ricardo mais de 20 anos depois, quando, em companhia de meu segundo filho, de nome Carlos Eduardo, o reconheci num bar, num episódio que, de novo, tornou-se marcante...

Eu havia comprado uma casa e me achava, em férias do meu trabalho, ajudando em sua reforma.

MOMENTOS

Minha intenção era me mudar para ela ainda no decorrer daquele meu período de férias. No interior desse bar, ouvi quando alguém, entre todos que lá se achavam, pronunciou o seu nome.

Curioso, atentei em sua imagem na expectativa de que aquele Ricardo, que fora pronunciado naquele bar, fosse o mesmo Ricardo de meus tempos de curso primário. E para minha enorme surpresa e satisfação, era ele mesmo!

O que ocorreu, em seguida, é digno de comentários, pois, aproximando-me dele e batendo forte em seu ombro, digo-lhe:

— O seu nome é Ricardo José Mariano; você estudou seu primeiro ano primário numa escola de nome tal, no bairro tal; no dia tanto de tanto, de um mil e novecentos e tanto, você disse isso, isso e isso para o professor; com você, naquele dia, sentava-se um garotinho tímido e assustado. Aquele garotinho era eu!

O que se seguiu foi uma cena linda e inesquecível, pois, abraçados, choramos, um no ombro do outro, por vários minutos. Todos naquele bar, naquele momento, aplaudiram aquela amizade e aquele reencontro.

Reter, todavia, na mente, fatos e dados por mim vividos ou presenciados era, e ainda é, um dos meus exercícios preferidos e praticados.

Lembro-me de um caso pouco mais recente em que, mais uma vez, o exercício da mente foi o meu maior aliado na obtenção de uma vaga numa das empresas onde trabalhei...

Encontrava-me desempregado desde que me apresentara a Secretaria Municipal de Educação e Cultura, em maio de 1976, o pedido de demissão das funções de Inspetor de Sala de Leituras, cargo que havia exercido junto à Biblioteca Municipal Mário de Andrade.

Precisava, por isso, de uma nova colocação que me permitisse continuar mantendo os "barrigudinhos" na escola, que me proporcionasse condições de continuar mantendo o *status* que já conseguia manter, haja vista que já havia, nessas alturas, galgado alguns degraus na escada da evolução cultural e profissional.

Foi quando, passando a pé, "sem lenço e sem documento", em frente à Hiter Indústria e Comércio de Controles Termo Hidráulicos, na Freguesia do Ó, vejo exposta em uma das suas paredes uma placa onde era pedido um candidato para uma determinada vaga.

Apresento-me, preencho a ficha que me é apresentada pelo Eriberto, funcionário do Departamento Pessoal, e ao devolvê-la devidamente preenchida em todos os seus quadros, solicitou-me que lhe apresente os documentos que haveriam de comprovar os dados que eu ali havia inserido e que comprovariam a prática e a vivência que eu dizia ter para o preenchimento daquela vaga.

Respondo-lhe que me achava, naquele momento, sem nenhum documento, haja vista que não havia saído de casa para procurar emprego, tanto que, assim sendo, além de não portar naquela hora qualquer documento, estava ainda de bermuda, de camiseta e de "havaianas", um tipo de chinelos até hoje de grande uso quando se quer conforto para os pés.

Deixei-o, assim, de "saia justa", uma vez que, conforme suas próprias palavras, eu tinha, pelo que havia ali aposto, uma excelente experiência para a vaga a que me propunha. O empecilho estava, pois, na falta dos documentos que comprovassem os fatos.

Foi quando, num ato de "negociação", eu lhe fiz a proposta de que me deixasse ter acesso ao responsável pela vaga, uma vez que, assim, eu já asseguraria metade do direito de exercê-la. Assim foi feito.

MOMENTOS

Vejo-me, minutos após, numa bela sala, toda acarpetada, com as paredes totalmente ornamentadas por quadros dos produtos que aquela empresa fabricava, com funcionários e mais funcionários no "vai e vem" constante dessas horas do dia, curiosos, ao verem a "grotesca" figura que eu representava, encolhido num dos sofás, incomodado até com o ar-condicionado, à espera do chefe do departamento que me receberia.

Esse "chefe", cujo nome era Ildefonso Bardella, e que veio a ser mais tarde um dos mais corretos e leais profissionais com os quais trabalhei por mais de 5 anos naquela empresa, olhando-me meio de "viés", formulou-me a mesma pergunta que momentos atrás já havia sido formulada pelo rapaz do departamento pessoal, ou seja, perguntava-me como eu conseguiria provar aquelas aptidões que havia transcrito na ficha de pedido de emprego se não me achava de posse de nenhum dado que o confirmasse?

Disse-lhe que não os tinha no momento, mas que, em contrapartida, fazia-lhe uma proposta ainda mais arriscada: sugeri que me desse algum tempo para que fosse até minha casa buscá-los e que se na ficha que eu havia preenchido houvesse algum dado, quer seja de datas, quer seja de número dos documentos mencionados, ele poderia sentir-se desobrigado de dar-me a vaga.

E assim foi feito...

Fui pra minha casa, apanhei todos os documentos e, voltando àquela empresa, onde, já disse, trabalhei por mais de 5 anos, tudo o que tive a fazer foi ficar assistindo, com um prazer gostoso, num sorriso íntimo de satisfação, aos "tiques" que eram feitos a cada dado conferido, com cada documento apresentado.

Nem sequer exame médico me foi exigido, haja vista que, com satisfação, ao devolver-me os documentos, recebo a proposta para iniciar no dia seguinte.

Essa prática de exercitar números, datas, fatos e locais proporcionara-me um dos mais belos empregos que eu já havia até então exercido.

Voltando, porém, ao episódio de meu reencontro com o Ricardo, haja vista que interrompi o relato para falar de minhas práticas de exercícios da mente, esclareço que, quando dizia estar de férias de meu atual emprego, outro não era que não aquele em que eu exercia as funções de faturista, cujo nome da empresa era Hiter Indústria e Comércio, onde, como sempre, deixei bons e leais amigos, destacando-se, entre todos eles, o Pedrão (Pedro Abad), outro grande e inesquecível amigo.

Tendo o Pedro Abad como incentivador, efetuei dezenas de cursos, participei de dezenas de palestras, assisti a dezenas de debates, vivenciei dezenas de congressos, de toda ordem, pois achei naquele camarada desajeitado e descendente de árabes um parceiro ideal para a prática do *"hobby"* de colecionar certificados.

Acredito ter hoje, no mínimo, 50 desses, que comprovam a "mania" gostosa, da qual não quero, sob nenhum pretexto, me livrar.

Quanto, todavia, ao Ricardo José Mariano, passada a euforia daquele reencontro gostoso e inesperado, superada toda a alegria e depois de horas e horas de "conversas jogadas fora", quando, então, falamos de tudo o que vivenciáramos naqueles tempos, nunca mais o vi.

Pergunto, porém, se é por acaso possível esquecer desse amigo e desses fatos?

É evidente que não! Principalmente, pela forma como nos conhecemos e pelas coisas que foram faladas e ouvidas nesse dia.

MOMENTOS

Hoje, vendo pela TV, ou ainda, nos estádios, lembro-me do Ricardo a cada vitória do Corinthians, pois, para mim, é como se o estivesse vendo à minha frente. É possível, para mim, ainda hoje, recordar o seu ar de satisfeito com mais uma vitória do "nosso" time...

ERONILDES BATISTA

Era outro verdadeiro irmão. Estudamos juntos todos os quatro anos daquele curso primário. Sentava-se, como todos, em uma cadeira dupla, à minha frente, e o que mais me levou a admirá-lo eram os desenhos que nas vagas, entre aulas, ele desenhava.

Enquanto os outros alunos não viam a hora do toque da sineta que indicava o recreio, ele, o Eronildes, desenhava. Desenhava como ninguém.

Poderia até hoje, caso não tivesse parado, ser um novo "Salvador Dali". Mas tinha um defeito: desenhava e, ato contínuo, destruía seus desenhos. Nunca conseguira ir adiante em seus propósitos.

Passados esses quatro anos de curso primário, levei, depois, mais de 30 anos para voltar a vê-lo.

Se ouvisse, em qualquer lugar que estivesse, um nome igual ao dele sendo pronunciado, o instinto me levava imediatamente a aguçar minha atenção, pois algo me dizia que, como no caso do Ricardo, o nome pronunciado poderia ser o dele...

Assim, os tempos passaram.

Até que um dia, quando eu já me achava "entrado" nos 40 anos, reencontro-o, entre grato e surpreso, integrando como "diretor de base" a diretoria do Sindicato dos Empregados em Entidades Sindicais do Estado de São Paulo, que eu também integrava na condição de vice-presidente.

O abraço a que nos entregamos nesse reencontro foi também digno de nota e aplausos.

Matamos, naqueles poucos segundos de contato físico, uma saudade de mais de 40 anos.

Terminados, todavia, nossos mandatos, mudamo-nos para outros empregos, e passada essa fase, nunca mais, a exemplo do que ocorrera em relação ao Ricardo, nos vimos.

Ficou, todavia, gravada em mim a forma gostosa e espontânea como naquele reencontro relembramos fatos e mais fatos de nossa infância e que, mal acabávamos de nos lembrar de um, lá vinha outro tópico ainda mais marcante que o anterior.

ZACARIAS

Desse amigo, irmão, companheiro e camarada, falo com uma dose de pesar bem mais marcante, pois, ao contrário do Ricardo e do Eronildes, cujos reencontros ocorreram depois de muitos anos, a saudade que sinto é bem diferente, pois ele, o Zacarias, já não existe.

Mas, era, a exemplo dos outros dois, um verdadeiro camarada. Era como um irmão...

Era um daqueles amigos que, considerada a idade média dos demais alunos, todos em torno dos 7 a 10 anos — era, como o próprio Ricardo, um veterano entre nós.

Ele tinha também seus 11 ou 12 anos, uma vez que viera repetente de outras escolas, de outro bairro. Isso não impediu, todavia, que fosse para todos nós um amigo de verdade.

O caso é que esse amigo, esse protótipo perfeito de irmão, companheiro e camarada, comportava-se, nalgumas vezes, de forma estranha. Todos, e não só eu, notavam esse seu jeito às vezes exótico de comportamento.

Vivia, por vezes, em completo torpor, como um alienado, numa melancolia tão notada que nos intrigava. Mas, na nossa pureza de garotos suburbanos, não podíamos, jamais, imaginar as causas desse ostracismo, que, tempos depois, viemos saber que era em função das drogas que consumia...

Mas, era um amigo leal demais para que entrássemos nessa seara, para que debatêssemos com ele os motivos desse alheamento. Até porque éramos, todos, "franguinhos" perante seu porte físico e, por essa condição, não nos atrevíamos a lhe "peitar".

Embora ele fosse aluno de outra série, de uma outra classe, com outro professor, fazia, no final de cada aula, questão de nos aguardar para que, juntos, atravessássemos pedaços perigosos do percurso, uma vez que a escola era, como já falado, um tanto quanto longe do bairro em que vivíamos.

Ademais, apesar do seu porte avantajado e de uns poucos anos a mais que todos nós, ele também acreditava na estória da paineira "mal-assombrada".

Por isso, juntava-se a nós, e sempre, em "comboio", superávamos o medo. Foi ele, aliás, o primeiro colega a me dar os parabéns, quando de minha "desforra" contra o Dormércio, no episódio da "guaxuma amarrada". Terminados, todavia, aqueles quatro anos, nunca mais nos vimos.

Eu sentia por ele a mesma saudade de outros bons colegas daqueles tempos, embora, vez por outra, encontrasse um ou outro, ocasião em que, com os mais variados comentários, sabíamos sobre os demais.

E foi num desses comentários que vim saber que o Zacarias havia cometido suicídio por causa de uma mulher que havia no bairro e que era muito mais velha que ele!

Caramba!... Como aquilo me doeu!

Aquilo soou como uma martelada em minha mente, e mais tarde, superado o torpor da notícia, comecei a rememorar fatos de seu comportamento alheado em nossos tempos de garotos e compreendi que parte daquele alheamento já se dava em função da maconha que fumava.

Para nós, à época, era um tema mais que incógnito, enquanto ele, cavalheirescamente, jamais nos envolveu em suas fraquezas.

Recordo-me, com absoluta clareza, seu olhar perdido no nada, sem brilho, e seu jeitão atabalhoado, sempre nos protegendo de outros garotos que porventura cismassem de nos intimidar, sempre cantarolando as músicas do Nelson Gonçalves, cujo repertório sabia de cor e salteado, e "A volta do boêmio" era a sua preferida entre todas as outras.

É, pois, com essa ponta de tristeza que lhe rendo esta homenagem, citando-o como um dos mais estimados colegas de meus tempos, não obstante toda e qualquer falha de comportamento, fato que reputo hoje como inteiramente pessoal, dentro do livre-arbítrio de cada um.

Não tinha, todavia, naqueles longínquos tempos, condições de analisar com toda lisura possível o "porquê" daquele comportamento. Sabia, no entanto, que era um verdadeiro amigo.

Sua morte, mesmo sabendo-a depois de muitos anos, foi sentida demais por mim. Sinto como se hoje, decorridos todos esses anos, eu pudesse, entendendo-o como amigo, entendendo-o como eu entendia, mudar-lhe os hábitos, tirando-o daquele estado nostálgico em que se punha naqueles anos...

DONA DOROTÉIA

Estes 3 amigos — Ricardo, Eronildes e Zacarias — marcaram presença constante em todas as aventuras a que nos propúnhamos.

O Ricardo, pela forma como nos tornamos amigos, pela forma como nos reencontramos mais de 20 anos depois e, principalmente, pela forma como o reencontro se deu.

O Eronildes, pela admiração que eu lhe nutria, pelos desenhos que fazia. Eu diria hoje que tal admiração era até uma enorme inveja, haja vista que tudo o que consegui aprender a desenhar foram traços geométricos em algumas plantas de regularização de imóveis, e isso já na fase adulta. Nada, porém, comparado à singeleza e à simetria de seus desenhos.

Quanto ao Zacarias, nada mais a se falar, a não ser pedir ao Supremo Criador de Todas as Coisas que lhe absorva do enorme pecado cometido contra sua própria vida, uma vez que o maior patrimônio que a vida nos dá é a sua própria essência.

Uma outra pessoa, todavia, ficou marcada a fogo em minha mente, tanto foi o carinho que me dedicou.

Foi minha professora no segundo ano, e seu nome era Dona Dorotéia. Caramba, como gostaria hoje de reencontrá-la, e num daqueles abraços sem ter tempo para acabar, dizer-lhe de toda a minha estima e gratidão por tudo que me ensinou e pelo tanto que ajudou.

Todo garoto, salvo raríssimas exceções, tem — como diz o mestre Ataulfo Alves, em seu "pequenino Miraí" — saudades da professorinha e, grande parte das vezes, de sua primeira professora.

De minha parte, tendo em vista que minha primeira professora era um professor, embora igualmente estimado, fez com que minha estima e paixão se voltassem para aquela que foi a segunda pessoa a me transmitir confiança e carinho enquanto aluno.

Minha estima pelo meu primeiro mestre, o professor Gilberto, era como de filho para pai.

É evidente que não posso aqui confessar-me "apaixonado pelo professor", embora, reitero, tinha-lhe um carinho extremo e não posso, sob pena de denegrir a saudosa imagem do meu pai, compará-lo a qualquer outro vivente.

Meu pai foi único.

Foi absoluto.

Foi inigualável!

Para ele, quando de seu falecimento, elaborei um artigo especial, que, assim como sua monografia, valeu — por obra e graça de um vereador de São Paulo, de nome Antônio Goulart, a quem muito devo em agradecimentos e estima — um nome de rua no bairro onde hoje resido, e não é com pequena emoção que, quando passo pela "Rua Ângelo Mariano", sinto forte as pancadas do coração, querendo sair do peito.

Sua biografia, que elaborei com todo carinho do mundo logo após seu falecimento, aliada às narrativas de seus amigos de "Velha Guarda", mais a simpatia dos vereadores de São Paulo, além dos versos que se seguem, valeram o despacho do processo (abaixo), em que esta homenagem é reconhecida.

TRIBUTO A ÂNGELO MARIANO

1.

Lamento hoje teu "passamento",
Mas tenho orgulho em dizer:
Tudo o que aprendi a fazer
Tive-o por perto a ensinar...
Eu sou crescido e emancipado,
Mas, em respeito ao teu passado,
Permita-me, pai, te prantear!

2.

Eu vivi aprendendo contigo
(Você foi ídolo para mim);
Acho, portanto, teu fim
Uma tremenda crueldade...
Você foi tudo que eu tive,
A sua memória ainda vive,
Mas você hoje é saudade!

3.

Há uma distância infinita
Entre o querer e o poder...
(Mas a alegria, ao se obter,
É o trunfo por haver tentado);
Não conheço quem seja feliz
Por ter o que sempre quis,
Sem ter (por isso) lutado!

4.

É até bonito (para muitos)
Em alvos lençóis repousar...
(Ter sono tranquilo, sonhar
Por achar-se de bem com a vida);
Mas nada é mais gratificante
Que "correr atrás", incessante,
E andar de cabeça erguida!

5.

Um homem que não "batalha"
(E não se esforça para ter)
Pode até ostentar poder,
Mas vive sempre enganado...
Pode até sentir-se gigante,
Mas tem os pés vacilantes,
Tem falta de fé... é limitado!

6.

Não sei de nenhuma missão
Levada a cabo sem estudo;
(E por essa razão, te saúdo,
Pois vivestes com inteligência...
Jamais agistes impensadamente,
Fostes tenaz e persistente,
Praticastes honradez e decência!

7.

Todos os grandes estadistas
Planejam e estudam suas metas;
(E a vitória só é completa,
Quando tudo é analisado...)
Não fostes um intransigente,
Fostes completo, e competente,
Por isso és, hoje, pranteado!

8.

O tempo, implacável... Passa!
E a gente morre sem sentir...
(Mas, a esperança do porvir
São os frutos que colhemos);
O destino reserva surpresas,
Mas se vivermos com nobreza,
Por nada nos abateremos!

9.

Todo pai é um herói passante
E seus filhos, sua razão...
(São os frutos da continuação
E motivos para toda paz);
Quem não cultiva esse direito,
Leva uma vida insatisfeito,
Não sabe, nunca, o que faz!

MOMENTOS

10.
Têm pessoas que, ao crescer,
Sentem vergonha do passado...
(Mas eu me sinto honrado
Por ter nascido de você);
E sei que em teu coração
Sentias a mesma emoção,
Quando nos via crescer!

11.
Feliz do homem que viveu
Praticando somente a razão...
(Se foi bom pai, filho, irmão,
Foi o mandante do mundo);
De mim, pois, agradeço a Deus
O grande pai que me deu,
Inteligente, bom e fecundo!

12.
Lembro meus dias de infância,
Os tempos difíceis que passamos
Mas, todos juntos, lutamos
Para que a vida melhorasse...
Nunca o vi, porém, se queixar,
Ao ponto de jamais deixar
Que algum de nós desanimasse!

13.
Você foi bravo, foi lutador,
Abnegado, bom, otimista...
Você valorizava as conquistas
E menosprezava as derrotas!
Você foi tenaz, foi dedicado,
E apesar de hoje pranteado,
Sua memória não está morta!

14.
Não fostes apenas um pai,
Fostes irmão, fostes conselheiro,
Fostes um grande companheiro.
Nunca o vi jamais errar;
Você sempre nos incentivou,
Você nunca nos decepcionou,
Deixa-me, pois, te prantear!

15.

A morte é o carrasco do corpo,
O remorso, carrasco da mente...
Mas, se temos vida decente,
Esse ditado não tem valor;
E você nunca desanimava,
Você obtinha o que buscava,
Fostes, por isso, um vencedor!

16.

Você foi, por toda uma vida,
Um democrata, um idealista;
E todas as suas conquistas
Estão aí para todo mundo ver...
A sua morte é insuportável,
Mas teu exemplo, inigualável,
(Sinto enorme orgulho de você)!

17.

Permita, pois, querido velho,
Que eu lamente a sua morte...
(Agradecendo, porém, a sorte,
De ser o seu "continuador");
Sou teu filho, vou te honrar
E pelo resto da vida, exaltar
O teu caráter, o teu valor!

O Decreto Municipal a seguir reproduzido é uma prova patente do merecimento desta homenagem que me orgulha e me enaltece sempre que a leio...

"DECRETO N.º 42.940/03, de 26 DE FEVEREIRO de 2003:

Dispõe sobre denominação de logradouro público;

MARTA SUPLICY, Prefeita do Município de São Paulo, usando das atribuições que lhe são conferidas por lei, e nos termos do inciso XI do artigo 70 da Lei Orgânica do Município de São Paulo, e à vista do constante no processo n.º 2002-0.266.913-7,

DECRETA:

Artigo 1° - O logradouro abaixo (Setor 213 - Quadra 998) (Referência: Planta AU/01/3806/82 de CASE), situado no Distrito de Perus, da Subprefeitura de Perus, fica assim denominado: RUA ÂNGELO MARIANO - Código CADLOG 42.359-9, a estrada de servidão, que começa na Rua Gavião Real e termina aproximadamente 43 metros além do seu início.

Artigo 2° - As despesas com a execução do presente decreto correrão por conta das dotações orçamentárias próprias.

Artigo 3° - Este decreto entrará em vigor na data de sua publicação, revogadas as disposições em contrário [...]".

Isso tudo, no entanto, eu trocaria por uma única coisa: que ele ainda permanecesse entre nós. Que ele nunca tivesse partido e que essa homenagem "pós-morte" não existisse. Mas a natureza, que é justa, cumpriu, mais uma vez, o seu curso.

E o professor Gilberto só perde, em carinho e gratidão, de minha parte, para este amigo maior, este pai abnegado, este exemplo de cidadão e amigo, de profissional, de caráter e de decência.

Serviu também, como é de praxe, para que alguns "menos solidários" chegassem a questionar sobre seu merecimento. Sei, todavia, que, onde "estiver", meu saudoso "velhinho" está satisfeito com a homenagem.

Mas, a Dona Dorotéia veio ocupar o lugar do amor pela primeira professora que eu não podia nutrir pelo professor Gilberto.

Era linda, meiga, educada, atenciosa, carinhosa com seus alunos, inteligente e, da forma como nos relacionávamos, outra homenagem não seria devida senão hoje relacioná-la como uma das pessoas mais perfeitas que já conheci.

Sinto, ao relatar esses fatos, ainda hoje, as pontadas incômodas mas gostosas de uma grande paixão.

Passei todo o meu segundo ano interessado em ser o primeiro aluno da classe, pois não via outra forma de retribuir-lhe tanto carinho e dedicação a não ser dando-lhe a satisfação de poder, entre suas colegas, nas reuniões das professoras, dizer que em sua classe, naquele ano, estudava o melhor aluno de toda a escola. Isso me fazia orgulhoso dela e de mim.

Terminado, todavia, aquele segundo ano, mudei de série, de professor, mas não apaguei da mente a lembrança de seu jeito meigo e carinhoso.

Um dia, porém, já por volta dos anos 60, estando com meus 14 para 15 anos, estudando numa escola particular de nome Teresa Francisca Martin (antigo Colégio Gitema), hoje Faculdade Teresa Francisca Martin, na Freguesia do Ó, numa prova de Geografia, que me valeria a passagem para outra série de meu curso ginasial, noto um olhar atento e interessado, que me fazia lembrar alguém muito querido...

Naquele dia, naquela prova, eu sentia uma "certa" dificuldade em distinguir no Atlas Mundial uma certa localidade, situada num país insular em forma de "bota", e aquele gabarito valia uma boa pontuação na avaliação final.

Eu não estava conseguindo me concentrar na prova, mas sabia que precisava daquele ponto extra. Por outro lado, fosse a dona daquele olhar quem fosse, ela jamais poderia me ajudar, pois era uma prova de final de ano.

Embora forçasse a mente, rebuscando fatos que pudessem ser aliados àquele rosto, nada me apetecia.

Mas, ela já havia me reconhecido e, num ato de arrojo, sem poupar nem um esforço, sob o risco de expor-se aos demais alunos, aproximou-se de minha carteira e, sutilmente, botou o indicador bem em cima da localidade em forma de "bota" que representava a Itália naquele mapa mundial.

Foi um gesto lindo e corajoso de sua parte, que foi ignorado por todos os demais alunos, menos, evidentemente, por mim, que fui o beneficiado daquela "dica" e obtive o ponto de que necessitava.

Se ela notou o brilho redobrado em meus olhos, fruto do agradecimento e da alegria por revê-la, não sei dizer, mas sei que, para mim, constituiu-se num dos mais marcantes atos vividos na peça de teatro que a vida se me destinou.

Outros professores, noutras épocas, ocupam em minha tábua de recordações uma certa dose de carinho e agradecimento por sua dedicação e amizade, e entre eles, destaco o professor Ciro Schneider, professor Ubaldo, professor Celso Frateschi, professor Akio Matsumoto, professor Matheus Makiyama e outros. Agora, carinho especial como o que tive pela Dona Dorotéia nenhum deles, com certeza, conseguiu de mim obter!

O TERNO AZUL
- (PARTE 2)

Terminado aquele período de 4 anos de curso primário e de volta à vida comum, sentia-me como o "todo poderoso" dos seres, afinal, num bairro humilde, longínquo e inóspito de São Paulo, tinha, com meus 11 anos recém-feitos, um "canudo" de papel que me garantiria a partir daí empreender novas empreitadas, encarar novos desafios, vencer novas paradas.

E aquele terno azul, companheiro mais presente que todos ali, tornou-se, aos domingos, de forma fiel e criteriosa, minha indumentária insubstituível.

Chegado o sábado, eu, caprichosamente, alisava o vinco da calça que o compunha, passava-lhe a escova de sapato que meu pai havia me dado para esse fim, e não via a hora de amanhecer o dia quando, então, pomposa e orgulhosamente, o vestia para ir à missa, acompanhado da Beth, a loirinha linda, vizinha de minha casa.

Não me detinha, porém, quase nunca, a me sentir tão satisfeito ouvindo o padre falar como me sentia com a companhia dela, que nunca foi minha namorada, pois a timidez me impedia de assumir de confessar meus sentimentos, mas a maneira como nos dávamos bem me bastava!

Eu só tinha 11 anos de idade, mas, ao lado dela, e vestido no meu terno azul, sentia-me dono do mundo.

Um belo domingo de sol, logo depois do almoço, sua mãe, Dona Tereza, com quem minha mãe mantinha uma boa relação de amizade no bairro, insistiu para que me deixasse ir com elas a uma chácara perto de nossa casa para buscar frutas frescas.

E fomos.

Eu ia todo pomposo, pois, apesar do sol de dezembro, achava-me vestido do terno azul com o qual havia me tornado alfabetizado, e não via a hora de chegar domingo para vesti-lo. Ademais, a Elizabeth também iria, e a chance de ficar mais um pouco ao seu lado me satisfazia.

Sua irmã Vânia, menor que ela, com pouco mais de 5 anos, também foi, de forma que me sentia, naquela tarde, um perfeito cavalheiro, acompanhado de duas belas damas.

Éramos, todavia, "fiscalizados" de perto pela Dona Tereza. Eu tinha, contudo, por ela um respeito de mãe.

O que veio, porém, a ocorrer naquela tarde haveria de matar para sempre esse respeito e esse carinho.

A chácara era de propriedade de um daqueles "novos" moradores do bairro, que, a essa altura, já estava totalmente habitado, mesclado de gente de toda parte, de todo tipo de comportamento.

O acesso a essa chácara era formado por uma estrada de pedra, sem asfalto (raro ainda à época), com um riacho calmo e modorrento a se atravessar para se ter acesso à casa.

Esse riacho não tinha ponte, exceto por duas barras de ferro estriadas, colocadas nas laterais das paredes baixas, de alvenaria, por onde era possível o trânsito apenas ao proprietário daquela casa, tendo, no centro dessas duas barras de ferro, uma pedra que servia de acesso ao outro lado do córrego para quem não queria passar pelas barras.

Só que passar pelas barras que serviam de ponte era, acima de tudo, muito fácil. Atravessar pela pedra, pulando de uma margem a outra por sobre ela, era muito mais desafiador. Proporcionava mais adrenalina.

E aquela menininha, de pouco mais de 5 anos, que nos acompanhava, era lépida ao pular para a outra margem, passando pela pedra. Fazia-o com leveza e graça. Até aí, nada demais...

Não éramos os únicos a buscar goiabas, abacates, jabuticabas e outros frutos naquela chácara. Não éramos também, por isso, os únicos a passar por aquele córrego usando a pedra como elemento de transposição. Era o "maior barato" assistir a essa travessia por esse improvisado recurso. Coisas de garotos.

Ninguém, todavia, contava com o imprevisto. Ao voltarmos desse "idílico" passeio, a natureza se encarregou de nos aprontar uma das suas maiores ursadas. O dia, antes claro e ensolarado, tornou-se, de repente, escuro e ameaçador.

O céu se tornou negro.

Assustadoras nuvens negras projetavam agora figuras fantasmagóricas naquele céu, até então claro e absoluto.

E o temporal aconteceu sem que tivéssemos tempo de nos precaver, nem mesmo nos permitir, sequer fugir de sua fúria.

E o insignificante riacho transbordou!

As barras de ferro que serviam de ponte foram totalmente encobertas pelas águas lamacentas e escuras que desciam de todas as direções, convergindo para aquele ponto.

Aquela pedra que, quando chegamos, serviu de "objeto de vazão" à nossa adrenalina, foi carregada pela fúria das águas.

MOMENTOS

Tínhamos, portanto, que atravessar aquele córrego, que mais se parecia agora um rio furioso. O que não tínhamos, porém, era a noção do perigo que isso representava.

E a Vânia, a pequenina Vânia, de 5 anos, foi a primeira a pisar no lugar onde, hipoteticamente, se achava a pedra.

Só que a pedra não se achava mais naquele lugar onde a tínhamos deixado ao atravessar, pela primeira vez, aquele córrego modorrento e pacato. Havia rolado, saído do lugar, carregada pelas águas...

Só nos foi possível ver seu corpinho frágil rolar, tragado por aquelas águas lamacentas quando nada mais era possível se fazer.

Tudo o que nos restou naquela situação foi chorar e gritar por socorro de quem se predispusesse a nos ajudar.

Mas, essa ajuda não aconteceu!

Ninguém tinha coragem de enfrentar aquele inferno lamacento.

Mas, ficar olhando, gritando, chorando ou "torcendo" não era também a melhor coisa a ser feita. Aquelas águas violentas e inconsequentes não haveriam de devolvê-la a nós só porque torcíamos por isso.

Olhando para um lado e para outro, tudo o que se via era água. Muita água!

Só que o corpinho dela se distanciava cada vez mais. Algo tinha que urgentemente ser feito.

Nunca até então em minha vida, vi-me forçado a uma decisão tão drástica. Era uma situação em que tudo que se fizesse era pouco. Era muita água que rolava e que a afastava cada vez mais para longe...

Não via outra alternativa senão, de terno e tudo, como me achava, pular naquelas águas barrentas e buscá-la, agarrando-a pelos cabelos.

Fui, todavia, como ela, arrastado, metros e metros abaixo do local onde nos achávamos. Corri também o risco de não conseguir salvar-me.

O regozijo, quando voltei às margens, trazendo-a inerte nos braços, foi total.

Muitos fizeram o sinal da cruz, agradecendo a Deus por tão pronta intervenção. Outros me olhavam como o herói naquele episódio.

Eu nem sabia o que fazer, absorto que me achava por tanta cerimônia por parte daqueles que presenciaram meu ato de coragem.

Todos se achavam satisfeitos e me davam os parabéns pelo gesto.

Aliás, todos não!

Uma pessoa, entre todas aquelas que assistiram à cena, não via dessa forma.

Aliás, vinha muito atrás da gente e não podia ter visto nada do que acontecera, dada a rapidez como acontecera.

Resolveu, entretanto, ao contrário, incriminar-me de havê-la empurrado para aquelas águas que tragavam corpos.

E essa pessoa era nada mais nada menos que aquela que eu tanto respeitava e admirava.

Era a primeira pessoa que deveria me agradecer ou, em última hipótese, indagar o que ocorrera. Era a mãe da menininha que eu salvara!

Foi uma das maiores decepções de minha vida.

Como pode, ela, a mãe, que tudo tinha para me agradecer antes de qualquer um? Ela, a mãe, que, tendo a filha de volta, deveria estar se sentindo, naquele instante, a pessoa mais feliz do mundo? Ela, a mãe, de que eu tanto gostava e que eu respeitava...?

O pior, todavia, ainda estava por vir.

Naquelas águas barrentas e quase assassinas, ficara o paletó do meu terno azul e os sapatos, que antes haviam ajudado a compor a indumentária com que me identifiquei como o mais feliz dos viventes, quando do recebimento daquele "canudo" que me alfabetizara...

O meu ato de coragem já havia atravessado fronteiras. Na rua em que eu morava, já era aguardado como o herói daquela tarde. Eu voltava molhado, encharcado, seminu, mas feliz.

Feliz e triste, ao mesmo tempo.

Feliz, por ser aclamado por onde passava.

Feliz, por ser reconhecido por todos pelo ato de heroísmo que praticara. Eu era um herói aos 11 anos de idade, mas estava triste.

Meu terno azul estava incompleto...

Meu paletó havia ficado naquelas águas marrons e caudalosas e, junto a ele, ficaram também os sapatos que automaticamente saíram-me dos pés, tal a força daquele turbilhão de águas.

Mas, nem bem entrara em casa, atordoado ainda pelo peso dos acontecimentos, sou recebido de forma hostil e estranha pela minha mãe, que, acreditando na estória que lhe fora contada pela mãe daquela criança, somente se deu por satisfeita após me impor uma tremenda surra, de fio de ferro dobrado, e que, seminu como me achava, doeu para caramba!

Eu acabara de tornar-me vítima de uma das maiores injustiças que alguém até então cometera contra uma quase criança de 11 anos — pois adulto em mim, naquela tarde, só o ato de heroísmo que eu pratiquei.

Afora esse detalhe, eu era, como todos, na minha idade, embora sonhador, uma criança.

Doía-me a perda do terno e dos sapatos...

Doía-me a perda de parte do terno azul...

Doía-me a surra que tomara de minha mãe...

Doía-me a vergonha de apanhar na frente da Elizabete...

Doía-me todo o corpo cansado pelo ato que empreendera e, depois, pelas lambadas que levara.

Doía-me a alma pela injustiça da qual eu fora vítima!

Nesse estado de espírito, recolhi-me ao meu quarto e pedi ao Supremo e Absoluto Criador de todas as coisas que me consolasse.

Em meus momentos de aflição, pedi-lhe que me amparasse, que me providenciasse consolo, que me aliviasse daquele estado de espírito que eu não provocara. Eu não merecia aquilo por que estava passando.

E o Criador, creio, comovido com meu estado de espírito, enviando seus anjos em meu socorro, atendeu-me de imediato, e algo então, para mim inusitado, ocorreu naquela mesma tarde.

Como que movido por uma inspiração divina, cessei meu choro e, revestido da força moral que os anjos enviados do céu me incutiram, ergui minha cabeça e fui à luta!

Há muito, eu acalentava o desejo de fazer algo que me permitisse ganhar algum dinheiro, que me permitisse ter, só para mim, coisas que via noutros garotos de minha idade, haja vista que o bairro, agora mesclado de todas as camadas de gente que para lá se mudaram, apresentava outros garotos mais bem trajados que eu.

E foi assim que, empunhando, escondido, as agulhas de tricô que minha mãe guardava em seus alfarrábios, comecei (sem nunca ter sequer aprendido), sem nenhuma aula prévia, a tricotar objetos infantis, que, esperançoso, vendia na feira que se fazia em nosso bairro às sextas-feiras.

MOMENTOS

Não foram necessárias, todavia, muitas sextas-feiras para que eu recebesse de vários vizinhos e amigos encomendas e mais encomendas de peças de tricô, com as quais completei minha indumentária perdida.

Não fosse o estado de espírito, agora alterado substancialmente pela certeza do milagre alcançado, eu não acreditaria no que estava acontecendo.

Comprei com esse dinheiro não só um, mas vários ternos azuis, não só um, mas vários outros pares de sapatos, em substituição àqueles que aquelas águas haviam tirado de mim.

A natureza se encarregara de fazer a justiça pela qual, em meus momentos de desespero, eu suplicara ao Criador. Eu me sentia um iluminado.

Se antes era visto como herói pelo ato do salvamento, era agora respeitado pela minha fé no Criador.

Esse fato correu de boca em boca, e virei, de novo, perante aquela gente humilde e simples do meu bairro, o herói que reverenciavam quando me viam passar.

Ficou mais que evidenciado, perante eles, que o Criador me recompensara pela injustiça que me haviam imposto quando daquelas barbaridades de que fui acusado.

Quanto àquela vizinha, envergonhada por seu gesto covarde quando de sua acusação, implorava-me agora que a perdoasse por isso.

Para ela, eu não era mais um garoto de 11 anos. Para ela, eu era o ser iluminado que, apesar de todas as situações de perjúrio por que passara, dera a volta por cima e me destacara entre todos do bairro.

Não lhe guardei rancor, mas, em compensação, ignorei-a de tal forma que, tempos depois, mudando-se para outro bairro, confessou para meus pais, no momento da despedida, que sentia profundamente o que me fizera.

De minha parte, sei que foi, sim, o Supremo Criador que me amparou naquele dia e, por isso, sentia-me, como bem diziam, um agraciado por Deus!

Outros episódios vieram a marcar meus dias quando, de novo, achava-me trajado "de azul". São, todavia, fatos que, com essa mesma singeleza de estilo, serão vistos mais à frente, neste relato que, reitero, tem grande parte de mim e de minha vida.

DONA NOÊMIA

Outros amigos se fizeram. Um pouco à esquerda de nossa casa, o Elzo, o Joaquim, a Maria Helena, todos quase da minha idade, eram agora também parte de minhas reminiscências.

A eles juntavam-se o Laércio, o "Valtão", filho do Seu Cândido, um soldado "classe especial" da guarda civil de São Paulo, grande amigo do meu pai.

Minhas primas vieram do Paraná e foram morar na nossa casa, de forma que agora tinha também, nas horas de traquinices, a ajuda do Zé Rossi, meu primo, e de suas irmãs, a Cida e a Luzia.

Outra família também vinda do Paraná viria juntar-se a nós, amigos de meu pai e de minha família.

Assim, afora todos que já faziam parte desse meu rol de amigos, juntaram-se também a Rosinha, a Luzia, a Maria.

Nosso barracão de madeira passou agora a abrigar amigos de meu pai que, carentes de um refúgio, vindos de outros estados ou cidades, tinham naquele barraco mal construído mas aconchegante local para se aguentarem até que viessem também, como nós, habitar uma casa de alvenaria.

Uma família desses "protegidos de meu pai" me marcou sobremaneira, dada a forma como me tratavam, a forma como me enchiam de carinho.

Era uma nordestina sem recursos, viúva, esperta, trabalhadora e simples, de nome Dona Noêmia, com suas filhas Maria do Carmo e Maria do Socorro. Essa mulher, nobre de sentimentos, tratava-me como a um filho.

Era ela que, nos momentos de "cinco minutos" de minha mãe, protegia-me das surras que constantemente me eram aplicadas.

A Dona Noêmia não podia ouvir minha mãe ralhando com os filhos — nessas alturas, éramos três: meu irmão mais velho, Sebastião Mariano, eu e meu irmão Benedito Mariano, aquele mesmo a que a Maria Luiza, nossa vizinha, perguntava todos os dias:

— Hei, Dito, quantas surras você levou hoje?...

Para essa santa senhora, bastava pressentir ou assistir ao festival de pancadas que minha mãe gostava de nos aplicar a torto e a direito. Vinha e, quando menos se esperava, protegendo em seus braços, poupava-me do castigo, sempre com a frase pronta nos lábios: "deixa o bichinho", "não bata no bichinho"! Assim, safava-me, sempre ou quase sempre, das pancadas.

Até que um dia, por ter cometido mais uma das minhas traquinices, que, segundo minha mãe, eram passíveis de punição por pancadas, sou por ela amarrado ao pé de abacate que crescia em nosso quintal, e dessa vez, sem a dona Noêmia por perto, não escaparia.

Eu implorava aos céus para que ela aparecesse, pois sabia que, com sua interferência, seria mais uma vez poupado da fúria da minha mãe, mas parece que aquele dia não era o meu dia.

E quando amarrado à árvore, sem camisa (bem ao velho estilo escravagista), preparo-me para levar as primeiras lambadas de fio de ferro, vejo dona Noêmia chegar pelos fundos do quintal...

Senti-me salvo mais uma vez, exceto pelo fato de que, ao ver-me amarrado e diante da fúria da minha mãe, ela, a dona Noêmia, num ato de desespero, recolhe-se ao seu barracão, dizendo nem querer ver o que iria acontecer...

E aconteceu!

Apanhei, dessa vez, por todas as outras vezes que ela havia me salvado...

Aqueles acontecimentos calaram fundo em mim.

Sentia-me, porém, de fato, um iluminado. Minha fé no Criador acentuava-se a cada dia.

Passei a ver o mundo com mais perspectivas. Passei a sentir como era suave o odor das flores, como eram lindas e benfazejas as obras da natureza.

ANOS 60

Nesse ano de 1960, comemorou-se a inauguração de Brasília, atual Capital Federal, um sonho de nosso presidente Juscelino Kubitscheck de Oliveira (o JK), que, ao assumir, prometera realizar 50 anos em cinco anos de mandato. Essa inauguração era uma de suas principais metas.

No esporte, o nosso "Galo de Ouro", Eder Jofre, conquistava seu primeiro título mundial para glória de todos os brasileiros.

Era lançada também naquele ano a pílula anticoncepcional.

Nascia o maior corredor de fórmula I de todos os tempos, nosso inesquecível Ayrton Senna da Silva.

Jânio Quadros, o político de carreira meteórica, era empossado presidente do Brasil, mas renunciou ao mandato pouco tempo depois da posse, alegando ter sido vítima das "forças ocultas".

Quanto a mim, reforçado pela fé que mantinha no Criador e nas suas providências, passei a frequentar uma igreja evangélica, de nome Igreja do Deus Vivo, num bairro distante daquele onde morava, mas agora, com meus 14 anos, já me sentia "meio homenzinho".

Novos amigos iriam agora engrossar meu cabedal de recordações. Com alguns deles ainda hoje mantenho uma amizade sincera e leal. Destaco, entre eles, Irineu Cagliari, Sinésio Cagliari, Hélio Ruedas, Gilberto Rodrigues e outros.

Outros, entretanto, por nunca mais tê-los visto ou sequer ouvido falar de seus paradeiros, provocam, às vezes, uma saudade gostosa mas sufocante.

Nesta linha de argumentação, lamento nunca mais ter voltado a encontrar com o Lupércio Beiçola, com Nadiel Rômulo dos Santos (Naná), Aristides (o "Fio", de várias e gostosas aventuras, quando de nossos passeios de um dia inteiro pela Serra da Cantareira, a qual chamávamos de "Mata do Governo"), comendo bolacha de água e sal e bebendo água dos vários fios de água que achávamos pelas trilhas.

Algumas namoradas também me trazem saudades, mas, como já citei, pretendo aqui omiti-las na citação. Farei menção apenas à Donata Maria Gato, filha do Delegado Gato, da Vila Brasilândia, por quem eu nutria um verdadeiro pavor.

Essa menção aqui, com todo respeito à Donata, deve-se muito mais ao medo que eu tinha de seu pai do que exatamente saudades dela...

Outras antigas namoradas me trazem também lembranças saudosas, mas não será neste relato que serão mencionadas.

Tive uma vida tão rica de aventuras e disputas amorosas que, quem sabe numa próxima narrativa como esta, elas venham a ser citadas.

Já tinha um emprego comum, já ganhava meu dinheiro todos os meses. Já possuía condições de ter quantos ternos quisesse. E os comprava...

Sempre azuis!

Parece que aquela cor me fascinava, e hoje, frequentador que sou de uma entidade filosófica chamada CÍRCULO ESOTÉRICO DA COMUNHÃO DO PENSAMENTO, sei o "porquê" daquele fascínio pelo azul.

Comecei a notar os olhares mais endereçados de algumas garotas de minha idade e, entre todos esses olhares que me eram dirigidos, notei um quê, de imediato, me "balançou".

Era uma garota da igreja que eu passara a frequentar, da mesma idade que a minha, e, entre todas aquelas, a meu ver, a mais linda. A empatia se fez de imediato.

Começamos como dois pombinhos a sermos notados onde quer que estivéssemos, aonde quer que fôssemos.

Era, para mim, uma situação inusitada. Eu era feliz a meu modo. Nada me fazia notar que havia a nosso redor, inveja, mal-entendidos, calúnias, perjúrios e maldades. Vivíamos como dois seres de outra galáxia, tal a felicidade que exalávamos. Era a natureza, de novo, me premiando.

Comecei a me destacar nas atividades que me impunham. Comecei a me empenhar, a cada dia, no sentido de corresponder àquilo que esperavam de mim.

Fazia cursos de crescimento espiritual e me esmerava na divulgação dos preceitos que me faziam convicto da paz que me acompanhava.

Era feliz em meu trabalho, feliz na igreja que frequentava e feliz no amor. Era um ser que gozava da mais absoluta paz, da mais absoluta serenidade, da mais absoluta convicção de minha condição de feliz.

O noivado se fez de imediato. Tornei-me adulto. Casei-me.

Casei-me com a primeira mulher com quem namorei, com a primeira mulher a quem beijei. Com a primeira mulher que, de fato, me completava.

Era, todavia, um ingênuo. Era um sonhador. Fora, aliás, sempre, até ali, um sonhador, e a cibernética já fazia suas andanças em nossa vida.

Nem tudo eram rosas como imaginávamos. Nem tudo era lindo como víamos na fase de namoro e noivado. As falhas de um e de outro já começavam a ser notadas por cada um. A paz, antes apregoada e mantida, era agora fúteis momentos vividos ao acaso.

E a separação se tornou iminente.

Será, todavia, este (afora um ou outro, de somenos importância) o comentário que farei, neste relato, a respeito de minha vida amorosa, de minhas "ex", ou ainda, de minha atual companheira.

É um trato meu, para comigo mesmo, gastar essas páginas somente com fatos que venham a demonstrar o quanto me sinto agradecido ao Criador por haver permitido que, acima de tudo, eu pudesse ter vivido e participado do que ora confidencio com cada leitor.

Deixemos, assim, que a singeleza deste relato lhes envolva e lhes traga ideias ou conjecturas do que possa ter sido a continuação destas "estórias" a partir do episódio da árvore plantada, da guaxuma e suas pontas amarradas, da paineira mal-assombrada, do dia da diplomação, da Vânia e seu quase afogamento, da Beth e seus lindos cabelos loiros, da Dona Noêmia e suas duas belas filhas, enfim....

Deixemos que esses líricos momentos sejam na mente de todos que os lerem o que foi para mim tê-los vivido. Nada do que disser, por acaso, mesmo que movido pela melhor das intenções, trará de volta, de forma prática, aqueles momentos.

Da mesma forma, por mais que eu queira, não conseguirei tirar da mente o horror vivido naquelas águas lamacentas, a injustiça a que fui submetido e o carinho do Criador ao me atender em meu desespero.

Voltemos, pois, à saga, continuada, dia após dia, pois tive, sim, uma vida rica em participações, em realizações, em envolvimentos que ainda farão destas páginas um dos mais atraentes e ricos "diários".

FUNCIONÁRIO PÚBLICO

Reportemo-nos, pois, então, agora, aos anos 70, ou um pouco antes, quando, após uma curta passagem pelo serviço militar, e agora na condição de "paisano", eu continuava a me destacar perante muitos com os quais à época vivi.

Foi também nessa década que nasceram meus três filhos (**J**orge, **ED**uardo, **MAR**celo), aos quais, com muito orgulho e carinho, dedico o pseudônimo que adotei e do qual muito me orgulho: *J. EDMAR*.

Avancemos, assim, então, para o ano de 1966.

Foi o ano em que o nosso "escrete" se apresentou para uma disputa de Copa do Mundo com uma de suas piores seleções de todas as copas que disputou. Não passou nem pela primeira fase, fazendo com que sentíssemos saudades da conquista do BI MUNDIAL, em que Garrincha, Pelé e Zagallo, ao lado de uma verdadeira plêiade de craques, nos embeveciam.

Na política, reinava a ditadura militar com seus atos institucionais que tanto nos atemorizavam.

Na literatura, uma escritora de nome Adelaide Carraro mostrava, em suas obras, todo o descontentamento com a situação política que o país atravessava. Dela, lembro-me de obras como *Eu mataria o presidente*, *Eu e o governador*, *A falência das elites*, *Os padres também amam*, *A mansão feita de lama*, *Podridão*, e outras do mesmo segmento. Eram obras que retratavam com muita nitidez os desmazelos políticos e da "alta" sociedade. Tenho em minha estante, ainda hoje, todas as suas obras, algumas até autografadas por ela.

Essa brilhante escritora e discutida personagem de meu passado literário chegou a ter muitas de suas obras proibidas, chegou a responder por dezenas de processos, chegou a ser taxada de "A escritora maldita" e outros adjetivos mais, mas nada fazia com que eu deixasse de ler seus livros.

Ingressei no serviço público nesse ano mediante concurso, mas com as precariedades do momento, aliadas à situação política pela qual o país passava desde a realização da revolução de 1964, aceitei, embora nomeado em concurso legalmente realizado, submeter-me às asperezas da mais ínfima de todas as funções que eu jamais imaginava desempenhar.

Minha nomeação deu-se em publicação no Diário Oficial do Município, de 28 de agosto de 1966, e por meio do prontuário de n.° 460.347, fui designado a prestar serviços junto à Administração Regional de Pirituba Perus (ARPP), onde exerci funções de varredor de ruas, coletor de lixo, limpador de bueiros e auxiliar de serviços sociais, e onde fui conhecer, na antiga favela do Piqueri (hoje um belo conjunto de prédios de apartamentos de nome Village People), uma das mais lindas e nobres pessoas, apesar do meio em que vivia.

Nossa função, uma vez que nesse departamento trabalhávamos em 4 "barnabés", era, uma vez designado por nossa chefia, adentrar a favela, desmontar um barracão entre os mais de mil que lá existiam, colocá-lo no caminhão com o qual trabalhávamos, levá-lo ao terreno ou propriedade onde aquele possível ex-favelado estivesse estabelecido e, feito isso, encerrar nosso dia de atividades exaustos, sujos, mal cheirosos e, pior, com a impressão de que quanto mais barracos desmontávamos, mais barracos surgiam.

Nossa rotina decorria de forma automática, obrigatória e monótona. Todo dia era a mesma coisa: procurar na enorme favela o barracão demarcado, desmontá-lo, lotar o caminhão, levá-lo aonde quer que fosse, entregá-lo e terminar o dia. Nada mudava. Tudo era rotina. Até nossas vidas haviam assumido aquela rotina.

Eu tinha, todavia, desde garoto, um desvio num dos olhos e, uma vez fazendo parte de um quadro de mais de 45 mil funcionários públicos, tendo à nossa disposição o ainda à época excelente Hospital Municipal, aconselhado que fui por alguns colegas da unidade, consultei-me com o Dr. Valter Dualibi, um grande e correto profissional, submetendo-me a uma operação de correção do desvio ocular.

Efetuada com êxito a tal cirurgia e de volta às atividades, tinha, todavia, que, de hora em hora (ou quando fosse possível), pingar nos olhos o colírio que ajudaria na recuperação da cirurgia e apressaria a normalização daquele desvio.

Achava-me, assim, num desses dias, preocupado como iria pingar em mim o tal colírio, quando de um dos barracos que nos cercavam surgiu uma das negras mais lindas que eu vi em toda a minha vida.

Aquela quase criança (que mais tarde, vim saber, casara-se com um traficante, enveredando-se pela vida mal regrada que isso representa) era aquela que, durante toda a minha permanência naquela favela, servia-me de enfermeira.

Nunca, porém, esqueci seu carinho e seu nome (Marli), e esse nome, esteja onde estiver a sua dona, é muito querido e lembrado!

Terminamos nossa participação naquela favela, minha visão voltou ao normal, nosso dia a dia prosseguiu na sua rotina costumeira, mas seu perfume suave, quando debruçada sobre meu peito, me pingava o colírio nos olhos, assim como seu sorriso lindo e juvenil, sua graça e sua simplicidade, ainda fazem parte de meus pensamentos. Lamento, no entanto, que, como tantos outros, nunca mais também a vi.

Mas, a vida continuava e galguei novos postos, novas funções, novas responsabilidades, tornando esses fatos meros momentos de recordações, e elas não se apagam.

Parecia, todavia, que (adulto que eu já era) as peças que a vida me pregava eram mais assimiladas que aquelas de quando criança, e que os dissabores oriundos dessas ditas peças do destino eram mais bem assimilados.

O PADRE CORINTHIANO

Não se apagaram também os fatos vividos no dia em que, chamados à chefia, fomos informados de que deveríamos naquele mesmo dia engrossar o contingente de funcionários de várias outras administrações regionais num trabalho de reconstrução, num bairro, em São Miguel Paulista, que acabara de ser devastado por um desses tufões que, vez por outra, acontecem em todo o mundo, derrubando mais de duzentas casas de um conjunto habitacional recém-construído, no Jardim Robrú.

O prefeito de São Paulo era o Brigadeiro José Vicente de Faria Lima, à época, um dos mais respeitados e corretos políticos de toda a história política paulistana e que deu a esse episódio uma atenção tão especial ao ponto de pessoalmente comandar aquele mutirão de reconstrução.

Foi assim que, orgulhosos e curiosos pelo que iríamos ter pela frente, apresentamo-nos num domingo comum como tantos outros, em março de 1968, ao capataz daquele mutirão, que, por ordem direta do Dr. José Vicente de Faria Lima, delegaria as tarefas a serem executadas por nós.

Ocorre que a devastação havia sido maior do que se imaginava ou se dizia, e só nos foi possível conhecer sua extensão quando, em parceria com mais de 200 outros funcionários, vindos de outras administrações regionais, demos início àquele processo de reconstrução efetuado a "toque de caixa" e tendo como maior encorajador, reitero, o próprio prefeito de São Paulo.

Dormíamos e comíamos num dos poucos prédios que a ventania não havia conseguido jogar por terra, que era o parque infantil municipal, mas, afora os poucos momentos de descanso e lazer, 12, 13 e, às vezes, 14 horas por dia eram gastas na tarefa de devolver àqueles paulistanos o direito de novamente ocuparem suas casas.

Outro prédio que não sucumbira à fúria daquela ventania era a igreja católica do Jardim Robrú, que tinha como pároco uma figura que haveria de se tornar, para mim, uma das mais carismáticas figuras com quem até então eu tivera travado contato.

Era o Padre ARISTIDES PIMENTEL, e a lembrança que lhe guardo, como outras mais, dificilmente será apagada da mente.

Se nos meus tempos de ainda estudante do primário, tornei-me deslumbrado pela eloquência do Ricardo ao ouvi-lo dizer ao nosso professor os motivos de sua alegria naquele 7 de fevereiro de 1955, tinha agora idêntico motivo para jamais esquecer o que vivia, pois esse padre, não obstante todas as suas atividades de "Ministro de Deus", conseguia, como grande parte de nós ali, fazer uma coisa que não exigia nem um sacrifício e, segundo ele, nem pecado era...

Ele era também corinthiano!

Nosso tempo era ocupado quase que na totalidade do dia em abrir alicerces, cavar buracos, fechar buracos, carregar massa, fazer massa, carregar tijolos e servir aos pedreiros, que, sob a supervisão do próprio Dr. Faria Lima, ergueram em tempo recorde aquelas casas devastadas, devolvendo os lares a todos que como nós dormiam atulhados no parquinho da prefeitura e na igreja do Padre

Aristides Pimentel, que foram os dois únicos prédios que permaneceram intactos.

Nem tudo, porém, era trabalho e labuta. Havia também as horas de devaneio. Poucas, mas havia.

Essas horas, nós as preenchíamos ouvindo, quer em nosso alojamento forçado, quer na pracinha em frente à igreja, a transmissão dos jogos do Corinthians, principalmente depois que viéramos saber que o Padre também era "dos nossos".

Como era gostoso ouvir a voz romântica do Fiori Gigliotti narrando os gols das vitórias do Timão! As más línguas diziam-no palmeirense, mas, para mim, pela forma como "nossos" gols eram narrados, acho que ele era um dos "nossos"...

Um dia, convidado que fui pelo Padre, visitei a sacristia da igreja, e o que vi instalou-se na mente como que gravada a fogo, de forma que nem querendo (embora faça questão de não querer) eu esqueceria...

Tudo naquele local era decorado com as cores alvinegras. Todos os adereços e passamanarias naquela igreja tinham as cores do alvinegro de que eu aprendera a gostar em 1955...

Visitando mais tarde seu quarto no sótão da igreja, vi que a colcha que cobria a cama era a bandeira do Corinthians e que as flores que ladeavam o Cristo no pequeno oratório eram flâmulas do Corinthians.

Foi com base nessas lembranças que escrevi, quando do lançamento, em setembro/2003, do livro *Corinthians, uma paixão em prosa e versos*, a citação de que até Jesus Cristo era Corinthiano.

Embora o livro tenha sido lançado em 2003, reportei-me naquele artigo a junho/95, quando, em Porto Alegre, o Timão batera o Grêmio na final da disputa da Copa do Brasil. Minha homenagem àquela conquista, entre outras coisas, dizia que...

> "Foi um espetáculo tão bonito
> E de tão grande repercussão,
> Que, em meio a tanta emoção,
> Até Jesus Cristo aprovou...
> Abriu as portas do Céu,
> Desceu, juntou-se à 'Fiel'
> E, feliz da vida, comemorou!"

E aquela figura carismática conseguiu me fazer ainda mais corinthiano!

Lembro-me de um domingo à tarde, quando, após termos trabalhado até pouco mais do meio-dia, após termos comido a "gororoba" que nos serviram, pois era muita gente para comer e pouca gente para fazer a comida, fomos para frente da igreja em cujo interior o Padre Aristides ministrava o ritual do batismo a um dos filhos de uma daquelas famílias a quem ajudávamos naquele processo de reconstrução.

O nome da criança que estava sendo batizada confesso não me lembrar, mas do que ocorreu nesse dia lembro-me com detalhes, até porque existia naqueles tempos, principalmente com circulação em São Paulo, uma revista de nome *Realidade*, que mais tarde veio a ser substituída pela *Veja*, e numa de suas entrevistas com esse Padre, relata o que vivenciei, participei e que ora também relato:

...O domingo estava próprio à prática do "fazer nada", embora, como já citei, havíamos trabalhado até mais do meio-dia...

Assim, depois do almoço, e ainda considerando o fato de que as muitas pessoas que ocupavam aquele alojamento tornavam-no desconfortável, fazia-se necessário uma saída para a "troca de ares".

Dessa forma, em companhia de outros tantos corintianos como eu, postados em frente a uma das janelas da igreja, contávamos ao Padre, ocupado com o ritual do batismo, lances do jogo que ouvíamos no rádio a pilha que ele próprio havia nos emprestado.

E o Corinthians perdia até quase quarenta minutos do segundo tempo para o time do Palmeiras.

Nossa agonia, como a dele, era palpável, pois desde aqueles tempos jamais gostei de sequer saber que o Corinthians perdeu um jogo para aquele time, cuja torcida, metida a ter um rei na barriga, nos chamava de maloqueiros.

Esqueciam, todavia, de dizer que pelo tamanho de nossa torcida e por tudo o que ela representa é até normal que tenhamos em nosso meio um ou outro maloqueiro como, ademais, todas as torcidas têm.

Mas, eis que, aos quase 41 minutos, saiu o gol do empate, marcado pelo Ditão, um zagueiro central que o Corinthians havia adquirido junto à Portuguesa e, nem bem acabamos de comemorar, saiu o segundo, marcado pelo Benê, vindo das fileiras inferiores do Corinthians, cujo estilo de jogo confundia-se com o de Flávio, a quem a torcida corinthiana chamava de "Flávio Minuano"...

Ato contínuo, dirigimo-nos para baixo da janela da igreja e gritamos, em coro: "Seu Padre, gol do Corinthians!... Gol do Flávio!".

E o que aconteceu em seguida foi o comentário da reportagem da revista *Realidade* daquela semana, pois, num arroubo de ufanismo, o Padre, voltando ao ritual, proferiu, ante o assombro daqueles pais e de outros, a frase que jamais esquecemos:

— Eu te batizo, Flávio, em nome do Pai, do Filho e do Espírito Santo!...

Em suma: seu amor e sua veneração pelo Corinthians superaram seu ato de fé. Mais tarde, em brincadeiras, comentávamos que o Padre havia mudado o nome da criança durante o ato do batismo...

Diante disso, só me resta perguntar como é que eu poderia esquecer aquele 10 de março de 1968? Não. Não dava para esquecer!

MOMENTOS

Como também não deu para esquecer o dia 6 daquele mesmo mês de março de 1968, quando, depois de ter ficado 11 anos sem ganhar do Santos uma partida pelo Campeonato Paulista, o Corinthians quebrou-lhes a hegemonia ganhando por 2x0!

Estávamos todos há bons tempos com um "nó" na garganta, uma vez que o Corinthians ganhava jogos pelo Torneio Rio-São Paulo, ganhava partidas amistosas, ganhava torneios de menor significação (se bem que, para um corinthiano, a conquista de um "caneco" é uma festa), mas partidas pelo Campeonato Paulista achava-se há onze anos sem ganhar.

Sem contar que havia, naqueles tempos (como ainda hoje há, embora, hoje, o Corinthians já esteja "cansado" de ganhar essa modalidade de disputa), os "corneteiros de plantão", que se encarregavam de apregoar que não se ganhava do Santos há onze anos, o que era uma grande duma "inverdade", uma vez que nesse interregno de tempo aconteceram três vitórias do Corinthians.

Esses mesmos "arautos do derrotismo" se encarregaram também de apregoar que o Corinthians ficara 24 anos sem ganhar um Campeonato Paulista, quando, na verdade, foram 22 anos, 8 meses e 7 dias. Disso, todavia, falarei adiante.

Mas, como recordar é viver, não consegui esquecer do dia 18 de novembro de 1976, quando, assistindo no Estádio do Pacaembu ao jogo do Corinthians contra a Ponte Preta, fui outra vez protagonista de uma cena que, recordando-a hoje, vejo-a tão nítida como naquele momento em que ocorreu...

O Corinthians vinha fazendo uma campanha "de medíocre para razoável" até duas rodadas anteriores a esse jogo contra a Ponte Preta e precisava obter melhores resultados para poder chegar, como chegou, às finais do Campeonato Brasileiro daquele ano.

95

O regulamento para aquela competição "rezava" que um time que marcasse dois ou mais gols num mesmo jogo teria direito à conquista de 3 pontos na tabela.

E o Corinthians, numa arrancada digna de louvor, havia ganhado do Botafogo de Ribeirão Preto por 2x1 e do Caxias, de Caxias do Sul, por 4x1, conquistando, dessa forma, 6 pontos possíveis em seis disputados.

Precisava ganhar da Ponte Preta também com 2 ou mais gols para continuar sonhando com a classificação às fases finais.

O jogo já estava 1x0 para o Corinthians, marcado por Neca aos 18 minutos do segundo tempo, quando, num certo lance, num raro momento de percepção, notei, pelo barulho que fizera ao ser chutada por esse mesmo avante corinthiano, que a bola estava murcha...

Mas, estávamos, como já se falou, em 66 mil corinthianos naquela noite, torcendo, todos, para que saísse o segundo gol que nos daria os tão ambicionados 3 pontos, mesmo porque o próximo adversário seria o temido Internacional de Porto Alegre, que até aquela rodada não havia ainda perdido para ninguém, e já nos achávamos quase no final de campeonato.

Mas, ao falar que a bola estava murcha e perguntado com que base eu fazia aquela observação, respondi que "boleiro" que eu era, entendia, pelo barulho ao ser chutada, que a bola não estava na sua "calibragem" normal. A gozação que se seguiu em seguida foi algo inenarrável...

Todos ao redor tiravam o seu famoso "sarrinho", pois num estádio com 66 mil torcedores, num barulho ensurdecedor, só eu havia notado (pelo barulho da bola ao ser chutada) que ela estava murcha...

MOMENTOS

Não demorou, todavia, nem 1 minuto desde aquela minha observação e o apitador da partida, que naquela noite era o Almir R. Peixoto Laguna, ordenou a paralisação da partida para que a bola fosse trocada por outra!

Aquilo gerou um pandemônio naquele bloco de torcedores ao meu lado, de forma que deixou curiosos alguns jornalistas e, entre eles, um grande amigo que tive na *Gazeta Esportiva*, que no dia seguinte soltou uma matéria em que chamava a atenção à percepção de um torcedor, de nome Divino Mariano, que, no meio de um barulho de 66 mil torcedores, captou o barulho da bola com calibragem inferior à exigida!

Mas, eu era assim...

No estádio, por maior barulho que houvesse ao meu redor, eu só tinha olhos (e ouvidos) para a partida. Quando estou num estádio, ou postado diante de um aparelho de TV, vendo os jogos do Timão, nada me passa despercebido.

Vejo antes que outros se um lance estava ou não impedido, se saiu ou não pela lateral, se foi ou não falta, se foi ou não lance penal, e assim por diante.

Não demorou, todavia, muito tempo para que, num lance de rara felicidade, o Basílio (aquele mesmo que um ano depois nos daria o tão sonhado título de Campeão Paulista de 1977 e ganharia em troca o carinhoso apelido de "Pé-de-anjo") marcasse, aos 49 minutos do segundo tempo, o gol que nos garantiu 3 pontos naquele jogo.

Mas, o Corinthians viria ainda a conquistar mais 6 pontos em jogos contra o temido Internacional de Porto Alegre, fato que redundou na primeira derrota daquele time gaúcho, e também contra o Santa Cruz, em Recife, pelo mesmo placar de 2x1, garantindo com esses preciosos pontos o direito à disputa das "semifinais" contra o Fluminense, do Rio de Janeiro.

Nesse dia, a torcida alvinegra deu uma das mais nítidas demonstrações de amor pelo seu time, provocando uma invasão de mais de 70 mil torcedores que se fizeram presentes ao Estádio do Maracanã no dia 5 de dezembro de 1976.

Volto, portanto, a perguntar: é possível esquecer esses momentos?

Claro que não!

Muitos, com certeza, sequer se lembram desse fato, mas eu, por ter sido uma das testemunhas oculares desses detalhes, não poderia esquecer, como de fato jamais esqueci.

Ora, se falei do Padre Corinthiano, se falei dos jogos memoráveis, que, afirmo, não esqueci, como poderia, então, omitir um dos fatos que mais marcaram minha situação de torcedor, ainda mais se considerarmos que tudo começou quando, em meu primeiro dia de aula, em 7 de fevereiro de 1955, pela primeira vez na vida, ouvi a palavra pela qual me enamorei?

Assim, com a devida permissão de todos aqueles que, com certeza, vão se empolgar com a leitura e, mais ainda, com o devido respeito àqueles que assim não interpretarem, transcrevo, a seguir, tudo o que se me ocorreu na véspera daquele meu primeiro contato com o mundo escolar:

<u>1.</u>
O ano: <u>1955</u>,
O dia: 6 de fevereiro;
Reinava no meio mosqueteiro
Uma paz, doce e envolvente...
O time do povo iria jogar,
E bastava apenas empatar
Para ser campeão novamente!

MOMENTOS

2.

Por ter feito melhor campanha,
O empate já lhe bastava
(E a mídia, em geral, alardeava,
Contagiando a população...)
Revestida, assim, dessa euforia,
A nação Corinthiana torcia,
À espera dessa confirmação!

3.

Do outro lado, entretanto,
Só se ouvia provocações
(Haja vista que, falastrões,
Já se davam por vencedores...)
Mas, todas aquelas baboseiras
(Típicas, aliás, do Palmeiras)
Não alteravam nossos valores!

4.

E o empate, previsto, ocorreu:
Nosso time tornou-se campeão!
(Um misto de paz e de união
Envolveu a gente mosqueteira...)
Ganhamos o 15.º campeonato
E deixamos com cara de gaiatos
A fanfarrona torcida do Palmeiras!

5.

Parou, todavia, neste ato
A nossa saga de conquistas;
(Amargamos uma fila, maldita,
Por 22 anos seguidos...)
Nosso time jogava para danar,
Mas, na hora de se consagrar,
Ele era, toda vez, vencido!

6.

Todo ano era a mesma coisa:
O Time nada conquistava;
(Mas a torcida o incentivava,
De forma leal e presente...)
Fazia jornadas estupendas,
Era sempre 1.º em rendas,
Mas isso não era suficiente!

7.

Havia até quem dissesse
Que o time fora amaldiçoado;
(E que tinha um sapo enterrado
Nos gramados da Fazendinha...)
Era, porém, gente maldosa,
Apregoando, de forma jocosa,
Esse "cabedal de picuinhas"!

8.

Mas, o fato é que prosseguia
Em sua sina de só perder;
(Pois nada o fazia vencer,
Quando o jogo era decisivo...)
Uma coisa, porém, não mudava:
Era seu torcedor que vibrava,
Cada vez mais participativo!

9.

Em 1974
(Outra vez contra o Palmeiras),
A enorme massa mosqueteira
Lotou o Morumbi pra ver...
Mais de 100 mil Corinthianos
Vibravam, fazendo planos,
Na esperança de vê-lo vencer!

10.

A sorte, todavia, de novo,
Sorriu para os adversários
E o "Campeão dos Centenários"
Saiu de campo derrotado...
A torcida (deles) vibrou,
Mas o (nosso) povo chorou,
Voltando para casa humilhado!

11.

Em 1976, outro fato
Evidenciou a fé Corinthiana;
(Quando milhares de caravanas,
Deixaram o Rio em suspense...)
E todos vibraram ao ver
O bravo Corinthians vencer,
Desclassificando o Fluminense!

MOMENTOS

12.
Chegou, assim, valentemente,
À disputa de mais uma final;
(Mas perdeu pro Internacional,
Enlutando, de novo, o povão…)
O caminho, porém, ficou aberto
Pois dessa vez chegou bem perto
Da tão sonhada consagração!

13.
Até que, um ano depois,
Conquistou finalmente a taça;
(Num misto de choro e graça,
Que tirou o povão do sufoco...)
Foi um episódio soberano,
Pois o Torcedor Corinthiano
Vibrou, feliz, como poucos!

14.
O ano: 1977,
O dia: 13 de outubro;
(O que estava, antes, rubro,
Ficou claro e resplandecente...)
Quando o "juiz" apitou,
E a grande partida acabou,
Meia nação sorri contente!

15.
A outra metade que torceu
Para o Coringão não ganhar
Teve, ao final, que aturar
Uma festa jamais vista...
(Era a torcida mosqueteira,
Vibrando a madrugada inteira,
INUNDANDO A AVENIDA PAULISTA!

16.
22 anos, 8 meses, 7 dias
Foi a soma do nosso martírio;
Mas, finalmente, em delírio,
Vibramos, de forma adoidada...
Nosso time ganhou o troféu,
E, fazendo sua parte, a fiel
Sorriu com a alma lavada!

17.

No dia seguinte, em todo canto
Só se falava dessa partida;
A minoria, frustrada e vencida,
Dizia que isso era irreal...)
Uma parte da mídia tripudiou,
Mas a parte sensata apregoou
Que foi um fato sem igual!

18.

Até a mídia internacional
Tecia elogios escancarados
(Pois ficaram todos pasmados
Com tanta fé e dedicação...)
E não houve um só jornal
Que, falando bem (ou mal),
Omitisse a festa do povão!

19.

Perdura até hoje na história
Os dados desse acontecimento;
(Pois ainda serve de alento
Para os que são desanimados...)
Nós colaboramos com a história,
Pois aqueles momentos de glória
Estão até hoje gravados!

20.

Uma pessoa, nesse episódio,
Tem tudo mais gravado ainda;
(Pois a festa, além de linda,
Faz parte de seu relicário):
Essa pessoa, felizarda, sou eu,
Pois esse fato, lindo, ocorreu
NA VÉSPERA DO MEU ANIVERSÁRIO!!!

Completei, no dia seguinte a esse glorioso dia, 30 anos de idade.

Tempos depois, em homenagem ao time que tanto prazer me dá e pelo qual tantas peripécias passei para vê-lo atuar, escrevi, sob o pseudônimo de J. Edmar, a obra de nome *Corinthians, uma paixão em prosa e versos*, que me rendeu, entre inúmeras homenagens, esta que transcrevo a seguir, numa iniciativa do "COMITÊ DE PRESERVAÇÃO DA MEMÓRIA CORINTHIANA".

Esse evento contou com a participação de todos os autores de obras sobre os feitos do Alvinegro mais querido do universo e coube-me a honra de, ao lado de Juca Kfouri, Dom Evaristo Arns, Dr. Osmar de Oliveira, Washington Olivetto, Neto, Citadini, Dona Marlene Matheus, e outros abnegados Corinthianos, receber a homenagem que me arrepia de satisfação.

Já havia plantado uma árvore e já havia escrito o meu livro. Estava, paulatinamente, cumprindo meu papel de cidadão e estava, na ocasião, sendo homenageado pelos jornalistas que cobrem as atividades no Parque São Jorge pela obra editada, numa festividade especialmente criada para o ato, de nome *ARQUIBANCADA LITERÁRIA CORINTHIANA*, que reuniu escritores e entusiastas Corintianos no Parque São Jorge, entre os dias 6 e 12 de dezembro de 2003.

A BIBLIOTECA MÁRIO DE ANDRADE

Minha convivência, quando a serviço na ADMINISTRAÇÃO REGIONAL PIRITUBA PERUS/ARPP, rendeu-me bons e leais amigos, alguns dos quais homenageio nestes relatos, reiterando a amizade e a estima que também lhes dediquei.

Destaco, entre muitos, a figura carismática do Dr. Valter Barragan, da Dr.ª Maria Luiza de Souza, do Dr. Abraham Bobrow, do Osmar Fumagalli, do motorista Everaldo, do João Alexandre, do Arlindo Pereira Franco, do Julio Ribeiro Mendes e de outros.

Abandonei o serviço público por opção pessoal e por protocolo legal em maio/76, quando já então exercia as funções de Inspetor da Sala de Livros Herculano de Freitas, na Biblioteca Municipal Mário de Andrade, à época uma das maiores da América Latina, onde, graças sempre ao Grande Arquiteto do Universo, angariei e deixei também bons amigos.

Dessa plêiade, destaco João Joaquim dos Santos Júnior, o "Zinho Barbeiro", um santista doente pelo Santos, como eu pelo Corinthians; o Ademar Pacheco, que, como eu, foi levado à biblioteca para poder ter durante o dia tempo de desempenhar outras funções das quais dependíamos para nossos sustentos; o Juarez; o Valter Buono; a própria diretora, Dr.ª Noemi do Val Penteado, e outros.

Minha transferência para a Biblioteca Mário de Andrade fora conseguida por influência do grande amigo, Dr. Valter Barragan, quando então portador que eu já era de um currículo um pouco melhor que quando ingressara no serviço público, necessitei de mais tempo livre para praticar os estágios necessários em função da escolaridade que já ostentava.

Essa transferência caiu-me "como uma luva", haja vista que meu expediente naquela unidade era das 19h à meia-noite, permitindo-me grande parte do dia para os ditos estágios.

Ficou, todavia, patente, no dia em que a transferência se consumou, que isso somente foi possível pelo histórico profissional de que eu era portador e, mais que isso, por interferência direta do Dr. Valter Barragan, em gestões diretas junto à diretora daquele órgão de cultura.

Inúmeras, todavia, foram as peripécias nas quais figurei como protagonista no período em que criteriosamente desempenhei minhas funções naquela biblioteca.

Eu residia num bairro bem periférico de São Paulo e, para que pudesse servir-me do último ônibus, que saía à 00h15 da Praça Princesa Isabel, não podia perder sequer um minuto. Não foram poucas as vezes em que amanheci na rua por haver perdido aquele último ônibus. Vezes havia, porém, em que o perdia de forma proposital.

Numa dessas vezes, que rótulo de "proposital", ocorreu-me um fato que hoje, com 50 e tantos anos de idade, posso até contar, mas que, quando de sua ocorrência, a vontade que eu tinha era de "rasgar o mundo", pela forma inusitada como aconteceu.

Como a biblioteca Mário de Andrade ficava na Praça Dom José Gaspar, no fim da Avenida São Luís, atrás da Praça da República, e meu ônibus saía da Praça Princesa Isabel, totalmente oposta àquele local, via-me, todos os dias, forçado a praticar sessões de *Cooper* por toda a cidade, sob pena de perder aquele coletivo.

Se isso, por acaso, ocorresse, iria me forçar a esperar pelo primeiro da madrugada seguinte, e isso só ocorreria por volta das 4h15.

Circulando, todavia, em desabalada carreira pela esquina das Ruas Gabus Mendes com a Praça da República, eu era todas as noites abordado por uma "loiraça" de belos cabelos, que, de carro preto, executivo, ali fazia seu "trottoir".

Nessa época, excetuada a tão chamada "boca do lixo", eram poucos os pontos destinados a essa prática na cidade de São Paulo.

Acontece que eu nunca tinha tempo para corresponder às cantadas da "loira", muito embora, como era de se saber, a empatia já se tornara automática e recíproca.

Era passar por aquele lugar, receber as cantadas e sentir a libido aguçada, com a adrenalina a mil por duas razões: uma, pela correria a que me submetia, e outra, pela vontade de corresponder àquelas cantadas libidinosas.

Até que, num certo 14 de outubro, dia de meu aniversário, distraí-me, tomando umas cervejas com meus amigos, num bar próximo à biblioteca, e "esqueci", de forma proposital, de que deveria me apressar para não perder o ônibus da 00h15.

Ao constatar que já não havia mais condição de servir-me daquele último ônibus, e considerando ser aquele um dia meio especial, minha preocupação passou a ser com o primeiro da madrugada seguinte. Mas isso só iria acontecer a partir das 4h15 da madrugada.

Eu tinha, assim, tempo para tudo o que imaginasse, naquela noite, inclusive, atender às abordagens da "loira" da Praça da República, que a cada noite tornavam-se mais insinuantes.

Foi assim que, meio "alto" por causa das "mais de umas" cervejas tomadas naquela noite em que comemorava meu 25.º ano de nascido, ao passar pelo local onde a tal loira fazia seu ponto, aceitando, de forma premeditada, suas investidas, entrei no seu carro, rumo ao seu apartamento, nas proximidades da Rua Amaral Gurgel, esquina com Rua Major Sertório.

Parando, todavia, num dos semáforos, quando o "amarelo" destacou-lhe a silhueta, noto, por sob a maquiagem, uns fios mal escanhoados de barba.

O "amarelo" já mudava para "verde", mas foi para mim tempo suficiente para fazer a pergunta que me fustigava, embora já soubesse de antemão a resposta: a "loira", por quem eu já me imaginava dando vazão à libido, era "loiro"!

Ante seu assombro com a cutilada de cotovelo que lhe apliquei nos rins, atitude, aliás, que julguei a única possível ante minha frustração, abro a porta de seu carro e "desembesto" pela Rua Amaral Gurgel, atingindo, em seguida, a Avenida Duque de Caxias, e daí a Praça Princesa Isabel, onde, enquanto aguardava o ônibus que demoraria uma eternidade para chegar, refleti sobre toda a frustração que me acometera naquele dia.

As duas horas que esperei pelo coletivo deram-me condição de refletir com muita propriedade como haveria de ser se não lhe notasse os fios de barba que começavam a crescer, disfarçados pela maquiagem. Concluí que, frustração por frustração, aquela, daquele momento, fora ínfima.

Outras situações vividas ao tempo que desempenhava minhas funções na Mário de Andrade vieram coroar-me pela dedicação e afinco com que me dedicava nessa função, até certo ponto, gratificante.

Uma dessas situações que rotulo como "gratificante" foi ter conhecido a Mercedes, uma morena bonita e inteligente, egressa de um convento, onde descobrira em tempo que sua verdadeira vocação não era ser freira, mas que, em função disso, ostentava ainda o título de eleitor, em cujo campo em que se identificava a profissão do portador a palavra que aparecia era "religiosa".

Passei com essa linda e inteligente morena bons e gratificantes momentos. Ela entendia do que se abordava, dissertava sobre tudo que fosse colocado à baila, era amável, meiga, carinhosa e educada.

Eu tinha nessa época, por fruto do próprio meio, um irmão que cumpria pena na Casa de Detenção de São Paulo, e com ela, aos domingos, efetuávamos as visitas corriqueiras.

Ela era, não só para meu irmão, mas para dezenas de outros presos que ali se achavam uma verdadeira conselheira.

Nosso idílio, todavia, foi efêmero, haja vista que essa morena linda, educada, inteligente e solidária com os presos da Casa de Detenção de São Paulo faleceu aos 27 anos de idade, vítima de um ataque cardíaco.

Foi outro baque tão forte, que hoje, rememorando esse fato, sinto ainda o perfume suave que ela usava, a voz macia com que se comunicava com todos e revejo cada cena de sua camaradagem para com meu irmão e os outros detentos.

É, pois, impossível não se emocionar quando ouço ainda hoje Raul Seixas, em sua "Ouro de Tolo", uma vez que, naquelas visitas domingueiras à Casa de Detenção, era essa a música mais executada pelo sistema carcerário, estremecendo os pavilhões.

Uma outra situação que não poderia fugir à análise nestas páginas aconteceu na véspera do Natal de 1975.

MOMENTOS

Como a biblioteca funcionava diariàmente das 9h às 00h, havia, como é fácil de se deduzir, três encarregados de turno, que, por sua vez, executavam funções diretamente ligadas ao contato com o público consulente.

Meu plantão era das 19h às 00h, mas havia também plantões das 9h às 13h e das 13h às 19h.

Naquela véspera de Natal, 24 de dezembro de 1975, por sugestão e pedido da diretora, Dr.ª Noemi do Val Penteado, preenchemos, em turno único, as 3 horas de plantão, das 9h às 00h, de forma que, por ser data festiva, todos deveriam, ao final desse plantão, juntar-se às comemorações que se desenvolveriam ao final do turno.

Assim, aquele funcionário que em dias normais era encarregado do turno das 9h às 13h, seria, naquele dia de véspera de Natal, responsável por uma hora de plantão, de 9h às 10h.

Por sua vez, quem dava seu plantão das 13h às 19h faria, naquele dia, seu plantão das 10h às 11h, e, quanto a mim, responsável pelo turno das 19h às 00h, caberia, naquele dia, cumprir meu plantão das 11h às 12h.

A rotina nesse dia corria razoavelmente bem, quando um consulente, de posse do livro que havia solicitado, indagou-me sobre quem era o encarregado daquela hora. Respondi-lhe, solícito, que cabia a mim, naquele momento, o privilégio de servi-lo.

Eram 11h45, próximo, portanto, do final daquele expediente e daquele ano de trabalho, uma vez que depois voltaríamos a atuar somente nos primeiros dias de janeiro do ano seguinte.

Mostrando-me o livro que lia e afirmando desconhecer que naquele dia nosso expediente se encerraria ao meio-dia, justificando sua necessidade de maior tempo para consulta, disse, assim, precisar levar para casa aquele volume que tinha em mãos.

Disse-me ser juiz do trabalho da 2.ª Região e professor da Fundação Getúlio Vargas, fato que confirmou exibindo-me os dois cartões de visita, onde pude constatar não se tratar de um *blefe*. E ele precisava daquele livro.

De minha parte, na condição de funcionário zeloso que sempre fui, respondi-lhe que, em vista do avançado da hora e em função da Biblioteca Circulante (que era um anexo daquela onde nos encontrávamos), onde seria possível "alugar" livros, achar-se já em recesso, ele, por mais autoridade que fosse, não poderia, sob nenhum pretexto que apresentasse, levar para sua casa aquele livro, sob pena de, permitindo-lhe, contrariar toda a minha filosofia de "caxias" e responsável maior, naquele instante, por aquele acervo.

Diante, porém, de tanta insistência e, mais ainda, corroborada com a apresentação dos dois cartões de visita que me passara às mãos, resolvi, para ajudá-lo, dizer que tinha em minha casa, em minha biblioteca particular, um exemplar daquele livro solicitado e que, se lhe interessasse, emprestaria a ele.

Seu assombro ante minha proposta confirmou-se com o arregalar de olhos, pois o livro pelo qual ele tanto insistia, cujo título era *A mobilização da audácia*, era uma obra restrita aos poderes militares da época, uma vez que vivíamos naqueles momentos os mais agudos períodos da ditadura militar, que se arrastou por mais de 20 anos.

Assim, quem, por acaso, o tivesse, por quaisquer argumentos que encetasse, era suspeito ante a conjuntura atual, haja vista ter sido escrito por um General do Exército Brasileiro, de nome Amaury Kruel, que, para quem não sabe, fora um dos principais articuladores do movimento revolucionário e cuja obra narrava com minúcias as estratégias praticadas na sua dominação.

MOMENTOS

Sabemos que hoje, graças à iniciativa do General João Batista Figueiredo, tais fatos deixaram de ser tabu e que a revolução de 1964 fora sufocada em seu nascedouro dentro dos quartéis, sem o derramamento de sequer uma gota de sangue dos brasileiros — muito embora, como também é sabido, seus tentáculos tenham atingido, por força de atos e mais atos institucionais, todo segmento civil do país e sua duração tenha se arrastado por mais de 20 anos.

Justifico, todavia, o fato de tê-lo em minha biblioteca particular por ser, à época, estudante de jornalismo e, mais, por ter sido (situação da qual até hoje me orgulho) um dos líderes e presidente do CENTRO CÍVICO ESCOLAR da escola em que estudava, vocação que havia herdado de meu pai, de saudosa lembrança, e do meu tio, atualmente residente em Monte Sião/MG.

Passado, todavia, o susto diante da minha oferta e por ter obtido de mim a promessa de que lhe passaria o "meu" volume, ele se deu por satisfeito em abandonar naquele dia aquela sala de leitura, até porque, com todo aquele "blá-blá-blá", já estávamos atrapalhando o início das comemorações que havia nos levado àquele plantão único de 3 horas.

Dei-lhe meu endereço e acertamos que seu motorista iria, naquele mesmo dia, por volta das 3 horas da tarde, buscar em minha casa o livro que lhe prometi. Satisfeitos, apertamos as mãos e, momentaneamente, dei por encerrado aquele episódio.

Confesso, no entanto, que, entre as várias rodadas de cerveja, esqueci-me totalmente do "bendito" juiz, assim como do "bendito" livro e, principalmente, da "bendita" promessa que fizera...

Retornei à minha casa por volta das seis da tarde daquele dia, onde meu pai, apavorado, aguardava-me por horas 3 a 4 quarteirões antes, medida com a qual me prevenia que um carro preto, de chapas brancas, de um certo tribunal, havia me procurado e, de repente, poderia ainda estar pelas redondezas.

Lembrei-me imediatamente das promessas que fizera ao juiz, cujo nome era Dr. Ney de Almeida Prado, e recordar hoje esse fato provoca-me até hoje aquele *frisson* gostoso daquela adrenalina, naquela tarde vivida.

Só que, promessa feita, teria que ser promessa cumprida. Assim, após tranquilizar meu pai, buscando entre meus livros "raros", apanhei aquele que houvera gerado a promessa, que houvera causado aquele "baita" susto e, incontinente, fui, de posse do endereço que tinha, em função dos cartões que me passara, levar-lhe pessoalmente a encomenda.

Cheguei à sua casa por volta de 23h30 daquela véspera de Natal, quando, então, de mesa posta, em companhia de dezenas de outros magistrados e outras autoridades, ele se preparava para comemorar aquela data magna.

Tão logo ouvira a menção de meu nome pelo mordomo que me atendera, ele veio pessoalmente à portaria da mansão e, levando-me para seu interior, fui apresentado às inúmeras autoridades que ali se achavam, entre as quais pude vislumbrar Antônio Delfim Neto, Paulo Maluf, Almir Pazzianotto Pinto, Eduardo Suplicy e outros, naquela plêiade de autoridades e celebridades que ali se achava.

Se "amarguei" maus momentos como no caso da "loira" da Praça da República, se vivi momentos de dor, como no falecimento da Mercedes, vivenciei, na contrapartida, ao longo de minha permanência naquele órgão de cultura, momentos de indescritível satisfação, e um deles foi esse episódio vivido com esse amigo juiz e professor.

MOMENTOS

Vale, todavia, frisar que o livro que lhe passei naquela noite nunca mais foi devolvido. Ele resolveu, talvez até para poupar-me de "dissabores maiores", privar-me daquela obra que me proporcionou, todavia, naquele ato uma grata e saudosa amizade.

A CASA
DE DETENÇÃO

Em alguma parte destes relatos cheguei a falar que tive, nos anos 70, um dos meus irmãos meio "fora de circulação" por alguns meses, e isso, aliado à minha enorme curiosidade em conhecer de perto aquele que era, à época, o maior complexo penitenciário da América Latina, levou-me, ao efetuar as "obrigatórias" visitas domingueiras, a estreitar contatos com alguns outros detentos ali recolhidos.

Assim, de forma religiosa e corriqueira, com chuva ou com sol, íamos, meu pai e eu, cumprir nosso "ritual" de proporcionar-lhe com nossas visitas domingueiras um pouco de conforto familiar, haja vista que ali o que tinha à disposição eram aulas gratuitas de malandragem e formas sofisticadas de continuar, se quisesse, naquela vida de crime que o levou àquele presídio por alguns tempos, mais precisamente 2 anos, 7 meses e 16 dias.

Cumprida, porém, a sua "pena", reintegrando-se à vida "comum", passou a ser, para orgulho e satisfação de todos nós, um elemento digno de nos representar onde quer que se apresentasse.

Mas, minha passagem pela detenção (por todos os domingos que esses 2 anos e 7 meses pudessem conter), renderam-me, como disse, "aulas" e mais aulas de aprendizado para minha formação jornalística, e, repito, não acho que exista escola melhor para quem queira aprofundar-se num tema como o que

MOMENTOS

fiz, cuja experiência rendeu, num livro de "douto-rado" em Serviço Social, editado pela Dr.ª Vanda Aparecida de Oliveira Lima, uma das mais honrosas e satisfatórias homenagens.

Essa assistente social, cujo nome me orgulha pronunciar, formada em 1983 pela Organização San-tamarense de Educação e Cultura (Osec), ao editar seu mestrado, de título "O presidiário, sua rea-lidade e o Serviço Social", o fez, em sua quase totalidade, com base nas experiências e relatos que obtínhamos quando de nossas visitas a meu irmão, que, por sua vez, nos punha em contato com outros e mais outros, cujas identidades, é evidente, são omitidas neste relato em função do respeito e da ética.

Até porque muitos deles, e um, de forma espe-cial, a quem tanto nos dedicávamos — além, é claro, do carinho de que meu irmão gozava —, com nossa influência, tem hoje vida comum no seio da socie-dade que um dia o expurgou, tem família distinta, é respeitado e até hoje nos agradece pela forma como o tratávamos quando desses episódios.

Mas emoções são emoções, e quando "me vi" contido nas páginas de seu mestrado, confesso que senti, sim, uma friagem gostosa na espinha, haja vista que, como disse, foi nesse presídio que, como mero visitante, conheci pessoas que, de modo corriqueiro, qualquer cidadão arregalaria os olhos ao ouvir a menção de suas identidades.

De um deles, apesar do fato de sempre o ter respeitado como "detento" e, ainda mais, consi-derado o fato de que já não mais está entre nós, posso falar alguma coisa sem ter a preocupação com o que possa vir representar esses relatos e de como ele será interpretado.

Trata-se do famoso "Bandido da Luz Vermelha", considerado pelas autoridades policiais que o prenderam e condenaram uma espécie de "mito", de algo a "não se copiar", de algo a não se orgulhar de tê-lo conhecido, tal a forma como o pintaram e bordaram, tal a forma como o "enterraram", para o resto da vida, num complexo penal do qual só veio libertar-se decorridos 30 anos de sua prisão e, ainda assim, com passagem efêmera em seu "retorno à sociedade", uma vez que fora assassinado menos de 1 ano após sua saída da Penitenciária do Estadual.

Outro personagem cumpria ali a sua pena, e também com ele aprendi um pouco mais. Esse "detento" era amável, discreto, educado e tinha sempre um conselho pronto para os mais jovens, um exemplo a propor. Seu nome: Gino Amleto Meneghetti.

Esse personagem da vida do crime, apesar da sua condição de "recluso", não tinha em sua ficha nenhuma anotação de "violento", de "sádico", de "sanguinário".

Ao contrário, havia até entre todos aqueles reclusos um respeito absoluto por aquele "velhinho" que passara dois terços de sua vida na cadeia, mas que nunca aplicou em seus roubos um ato sequer de violência.

Ouvir-lhe as "estórias" constituía-se para mim, sempre, momentos de surpresa, pois tinha todas as vezes, como que de forma proposital, uma nova forma de contá-las.

Embora tivesse se tornado um mito no submundo do crime, esse italiano, natural de Pizza, que chegara ao Brasil em 1913 e pouco depois já dera início ao seu "reinado de crimes", jamais aplicou qualquer violência em seus roubos.

Era, ao contrário, tido como uma espécie de "Robin Hood" do século passado, haja vista que tirava dos ricos para dar aos pobres. Agia, todavia, sempre sozinho.

MOMENTOS

Escalava telhados, adentrava casas e apartamentos, roubava joias ou dinheiro, mas jamais molestava suas vítimas. Quando de suas fugas, que se davam sempre pulando por telhados de casas vizinhas, tornava difícil sua captura. Morreu com 97 anos, em 1976, mas, por incrível que isso possa parecer, em plena atividade!

O mesmo não se pode falar do João Acácio de Oliveira, conhecido pela alcunha de "Bandido da Luz Vermelha", haja vista que, não se contentando em roubar, praticava ainda atos de selvageria contra suas vítimas, em grande parte, mulheres. Foram seis anos de pânico, entre 1961 e 1967, uma vez que a polícia quase nunca localizava o assaltante.

Até que, pressionada pelas personalidades da cidade e pela própria mídia, a cúpula da Secretaria da Segurança Pública, reunida às portas fechadas, anunciou um prêmio de 6 milhões de cruzeiros (moeda da época) a quem fornecesse qualquer informação que levasse à sua captura. Dias depois, ele foi preso e cumpriu uma pena de mais de 30 anos.

Enquanto Meneghetti se orgulhava (num fato corroborado por todos seus colegas da Casa de Detenção) de nunca haver molestado qualquer de suas vítimas, ele, o "Bandido da Luz Vermelha", estuprava e humilhava suas vítimas. Iluminava o rosto da vítima com sua lanterna vermelha. Veio, daí, o seu apelido.

Não me cabe aqui (assim como também não o faria) discutir métodos de reeducação de presos ou ainda defendê-los ou execrá-los, haja vista que "assistente social" era, à época, a minha querida Dr.ª Vanda, cabendo-me nesse processo o direito (que cumpri de forma criteriosa) às visitas domingueiras à Casa de Detenção de São Paulo, onde, como disse, por intermédio do meu irmão, travei conhecimento com muitos deles que hoje, por motivos quaisquer, já não fazem parte deste mundo.

De alguns deles, todavia, por afinidade, por haverem me fornecido dados enriquecedores à minha formação ou ainda por motivos quaisquer, guardo boas recordações. Mesmo porque a Casa de Detenção, naqueles anos 70, ainda era "visitável", pois não corríamos o risco de sermos pegos como reféns em possíveis movimentos de fuga.

Falarei, assim, de forma bem carinhosa de um detento com quem tive estreito relacionamento quando dessas visitas domingueiras, haja vista que, nesses dias de visitas, todos (excetuados, é claro, os que se achavam impedidos de receber vistas por delitos praticados durante a semana que as antecediam) misturavam-se entre todos, entre familiares, quer dele em específico, quer não, e, nessa "parafernália" de vozes, de "estórias", de "causos" e de "razões", travávamos conhecimentos com todos, que nesses dias nos respeitavam como a quem lhes levava, como se falou, confortos de quaisquer ordens.

Pois bem, darei a esse detento o nome (fictício) de José Antônio, que era um daqueles presos com um "rosário" de pena a cumprir e lá, aos domingos, vagava pelos pavilhões sem uma visita em específico que o reverenciasse nesses momentos.

Resolvi então, em pedido pessoal ao Dr. Fernão Guedes de Souza (diretor-geral daquele presídio à época destes relatos), relacioná-lo de forma especial em minha relação de visitas, assim (até por interesse específico) foi ele um dos detentos que mais me enriqueceu de conhecimentos sobre aquele complexo penitenciário ao dar-me condição de, paulatinamente, ouvir-lhe menções e mais menções sobre certos *modus operandi* deste ou daquele recluso que ali se encontrasse.

MOMENTOS

Isso ocorria todas as vezes em que eu lhe "massageava o ego", pois talvez, até por narcisismo, contava-me, e à Dr.ª Vanda, o que quiséssemos saber e, é claro, ao fazê-lo, referia-se sempre a detentos que por ali já houvessem passado, numa inequívoca demonstração de "amor à vida".

Pois bem, um belo dia o José Antônio foi transferido para o Presídio de Presidente Venceslau, e, é claro, nossos contatos se acabaram com essa transferência, e outros detentos passaram a merecer minha atenção, mas dele guardo uma (até certo ponto) boa recordação.

Um belo dia, quando me achava de férias e "guiando" alguns turistas gregos às cidades históricas de Minas Gerais, em visita à cidade de Congonhas, enxerguei numa roda de guias locais um certo elemento que, de leve, assemelhava-se com ele e, aproximando-me, vejo que era o próprio.

Disse-me, depois, entre outras coisas, ter sido beneficiado por um "indulto de Natal" e, por isso, impossibilitado de exercer funções mais remuneradas, exercia naquela cidade histórica as funções de guia local.

Ocorre que, quando de sua passagem pela Casa de Detenção, tínhamos, assim como muitos ali, o hábito de falar "de trás para frente", que era uma forma de vocábulo em que as últimas palavras de cada frase eram faladas em primeiro plano e que confundia quem não lhe conhecesse a "técnica".

Era bastante normal usarmos essa forma de palavreado quando queríamos nos referir a alguém que não quiséssemos que soubesse tratar-se do alvo de nossos bate-papos, e com ele eu praticava à larga essa forma de falar, que era, acima de tudo, "meio" pitoresca.

Ocorre também que aqueles gregos eram, na agência pela qual eu os carregava àquela excur-

119

são, tidos como "chatos de galocha", tal a forma pedante como tratavam os funcionários da agência e, inclusive, a mim, durante todos os quase 600 quilômetros que separavam a capital do estado de São Paulo da capital do estado de Minas Gerais, onde nos hospedamos e partíamos dali, a cada dia, para cada cidade histórica a ser visitada.

Visitávamos uma determinada cidade por dia e, em cada uma delas, eles, os gregos, de uma forma ou de outra, tinham sempre do que reclamar, do que obstar, do que discutir e, é claro que alguém naquela excursão tinha que lhes dar atenção, ainda que nessas possíveis intervenções não houvesse qualquer princípio de razão.

Nem seria preciso dizer, pois, que esse "alguém", no caso, era eu...

Tinha-os já nessas alturas, assim como todos os meus colegas da agência, como *personas non gratas* até aquele momento e minha ojeriza aumentava a cada nova intervenção inoportuna por parte de cada um deles.

Sem contar que, durante todo o percurso, quer de São Paulo a Belo Horizonte, como também para as cidades visitadas, falavam-se entre si em grego quando, pelas normas internacionais nesses casos, recomendava-se o uso do inglês como língua padrão.

Eu também não era bom de inglês, mas, na condição de "guia" daquela excursão, sabia o trivial para não fazer pior papel que eles, quando somente usavam sua língua natal, faziam até para dirigir-se a mim ou ao motorista do ônibus. Isso, convenhamos, era irritante!

Mas, vai daí que, após cumprimentar de forma efusiva e carinhosa o José Antônio, perguntei-lhe se ainda sabia falar daquela forma que falávamos na Casa de Detenção, mas, para assombro dos "gregos", já o fiz de trás para frente:

MOMENTOS

— *Ume daramaca, cêvo dainha besa farla laquela raneima que a tegen valafa na iadeca od desgue?* (1).

Ao passo que ele, em pronta resposta, me diz:

— *Rocla euq dainha ise! A tegen articu um toraba lesquena postem...* (2).

(1) Meu camarada, você ainda sabe falar daquela maneira que a gente falava na "Cadeia do Guedes"?

(2) Claro que ainda sei! A gente curtia o maior barato naqueles tempos...

E continuamos, naquele linguajar diferente por quase meia-hora...

Tanta troca de diálogos "de cadeia" levou os gregos, que até então assistiam boquiabertos sem saber do que se tratava, a rirem juntos, tal a forma satírica como eu, referindo-me a eles, os qualificava.

Assim, entre recordações daqueles tempos, mesclados com os "sarrinhos" que tirávamos com os gregos, passamos uma boa tarde. Uma determinada hora, após perderem naquele nosso diálogo toda a "hegemonia de chatos" como até então eu os identificava, começaram, um por um, a rir juntos...

De volta ao hotel, no final daquela tarde, abordam-me e, entre curiosos e servis, pedem-me que lhes revele com qual dialeto falávamos naquele bate-papo de mais de meia hora em que, sem que soubessem, os "personagens centrais" eram eles.

Respondo-lhes que de forma alguma lhes falaria, haja vista que eles também haviam já por mais de uma vez contrariado as convenções do turismo internacional ao falarem somente em grego, e isso, por si só, me desobrigava a revelar-lhes que linguagem usávamos.

Assim, tanto quanto no episódio da "armadilha da guaxuma", em 1958, eu me sentia, naqueles anos 80, identicamente vingado daqueles turistas gregos, que, nada mais tendo o que fazer, denunciaram-me ao diretor da agência pela qual viajávamos, dizendo que tinha como guia naquela excursão um profissional "mau caráter", pois, conhecedor do "dialeto da região", negou-lhes informações de caráter turístico!

Traduzo, assim, um pedaço daquele diálogo para aqueles que, por acaso, não conhecem essa forma de bate-papo possam também, como fizemos naquela tarde, em Congonhas, em Minas Gerais, rir um pouquinho

Vale lembrar que "cadeia do Guedes" era o nome pelo qual chamávamos a Casa de Detenção de São Paulo, e Guedes era o Coronel Fernão Guedes de Souza, seu diretor.

Aqueles anos 80 foram pródigos em aventuras e "malvadezas". Ainda hoje, quando comento com quem quer que seja o "episódio dos gregos", não dá para deixar de soltar gostosas gargalhadas.

É evidente que, ao retornar a São Paulo, relatei detidamente ao diretor da agência as razões de minha negativa àquela "reivindicação de caráter turístico" e, juntos, mais uma vez, rimos a não mais poder.

Quanto ao José Antônio, foi essa a última vez que o vi. Mas que foi uma bela recordação, isso foi!

Segue-se, na íntegra, a "homenagem" que me foi feita pela Dr.ª Vanda quando da apresentação de seu "mestrado", cujo título é:

O RESTO
É SILÊNCIO

— Meu filho, eu voltarei domingo...!

Ouve-se uma ordem rápida...

A vida chegou ao fim.

Portas começam a bater.

Vozes de comando fazem-se ouvir.

Os homens de calças cáqui começam a encher as galerias.

A visita chegou ao fim...

O dia de um condenado, antes de ser amargo, é feito de 24 horas martirizantes, sem quebra de rotina, por menor que seja, de seu normal.

É a história dos homens que levam a vida à parte da sociedade, sem sociedade, sem nome, num mundo sombrio, tétrico e melancólico.

São, em média, 2 mil presos, famosos e desconhecidos, ladrões, assassinos e "inocentes", cujas horas alegres acontecem somente com a visita dos familiares.

São criminosos violentos que tumultuaram a vida pública paulista, que mancharam do luto, negro, muitas famílias de bem, que destruíram lares, que foram manchetes de jornais e de revistas, mas que são agora simplesmente "detentos".

Ocupam agora (embora nada mais possa afetá-los) cubículos imundos, muitas vezes mais imundos que a imunda sociedade que os atirou a essa condição de sentenciados, um mundo baixo, mas que, afinal, é a condição que escolheram quando de seus crimes.

Isso é o presídio.

Isso é a Casa de Detenção de São Paulo.

O resto é silêncio!

Vale dizer, todavia, que, apesar da larga experiência que adquiri no convívio com esses sentenciados, nem tudo o que aqui, bem como no livro de doutorado da Dr.ª Vanda, foi descrito, diz um mínimo daquilo que vivenciou o Dr. Dráuzio Varella, quando das suas narrativas em *Estação Carandiru*, haja vista que, dadas as próprias condições na Casa de Detenção segundo suas experiências ali relatadas, a situação já se assemelhava a um "barril de pólvora" com o seu estopim aceso e aproximando-se rapidamente de seu ponto de explosão.

Foi, todavia, para mim, para a Dr.ª Vanda, para meu irmão, para o José Antônio e para um ou outro preso a quem ajudávamos com nossas visitas, um período de aprendizados e de tensão, pois nunca a frase "viver perigosamente" teve tanto significado.

O que não posso dizer é se foram ou não acertadas as decisões do governador do estado, Dr. Geraldo Alckmin, em desativá-la por total.

Os distritos policiais hoje são, no mínimo, dez vezes mais que o "barril de pólvora" que era a Detenção à época de sua desativação.

Mas isso é outro comentário, para, talvez, outra obra, em que, então, pretendo dedicar-me somente ao que lá se passava, o que levou, inclusive, ao lamentável episódio de 1994, ao qual a mídia especializada e alguns tabloides sensacionalistas deram o pomposo nome de "o massacre dos 111"...

Não vale, pois, quaisquer análises mais detalhadas, pois falo aqui somente daquele período de minhas visitas.

MOMENTOS

O que garanto, todavia, com a mais absoluta convicção, é que aprendi muito com os detentos. Meus respeitos, pois, àqueles detentos que hoje, cumpridas as suas penas, voltaram ao seio da sociedade com suas cabeças erguidas, pois, em estatísticas feitas pelo próprio sistema prisional, poucos são aqueles que ocupam com dignidade, "aqui fora", seu lugar.

O SINDICATO

Deixemos, todavia, os episódios vividos junto aos reclusos da Casa de Detenção no ponto em que deixei o José Antônio feliz com nosso reencontro em Congonhas (terra do "Grande José Arigó"), deixemos os gregos com seus descontentamentos com minha "recusa" em passar-lhes informações de "caráter turístico", deixemos o diretor da agência aceitando as minhas explicações a respeito, deixemos tudo relacionado com cadeia, viagens de turismo, e voltemos à narrativa de outros envolvimentos dos quais participei.

Vivíamos agora as lutas de classe, as tentativas de "liberação do regime", as passeatas pelas "diretas já", discursos cheios de proselitismo por algum político igualmente prosélito em pomposos palanques, com "palavras de ordem" de toda ordem.

Em São Paulo, outra safra de bons amigos meus haviam sido eleitos diretores do Sindicato dos Condutores de Veículos e Anexos de São Paulo, Osasco e Itapecerica da Serra e, convidado a integrar o seu quadro de funcionários, não me fiz de rogado, haja vista que, por ocasião desses fatos, valia ainda a pena "brigar pela causa".

Esses amigos, leais e abnegados, entre os quais destaco Odila Placência, Maria da Glória Tenório de Lima, José Rodrigues de Souza, de saudosa e inesquecível lembrança, Pedro Paulo de Andrade, igualmente já falecido, Firmino Cardoso dos Santos, Diogo Baeza, Antônio Pereira dos Santos, José Sampaio Patriota, José Sonni e outros, que se omitidos, tal fato não foi proposital, mas sim porque com os que ora mencionei minha convivência foi diária e pacífica.

Para esses autênticos defensores da laboriosa classe da qual me orgulho de ter participado, ainda que como funcionário, eu "tiro o meu chapéu" e o faço com o mais absoluto carinho e respeito, pois, na contrapartida, havia também aqueles que, já naqueles anos 80, não só nada faziam, como também impediam que se fizesse.

Eram chamados de "roedores" do movimento sindical brasileiro. Lamentavelmente, alguns desses "pelegos" e oportunistas ainda pululam, aqui e ali, no movimento, "denunciando" colegas e acumulando fortunas às custas do infortúnio de muitos.

Dos honestos e abnegados diretores tenho, de forma insofismável, na mente, a lembrança do dia em que ofereceram suas residências em forma de penhor na Caixa Econômica Federal em troca de empréstimos com os quais poderiam, pelo menos, pagar os funcionários da entidade.

Minha pergunta agora a esses "roedores" e "pelegos" que pululam o movimento sindical brasileiro é se haveria, entre esses que se dizem "autênticos", algum com esse senso de responsabilidade e patriotismo em favor de uma causa. Mas a resposta é automática e taxativa: é claro que não há!

Por essa razão, por todo o período em que permaneci entre esses honrados representantes do movimento sindical brasileiro, mais exatamente no Sindicato dos Condutores de Veículos de São Paulo, eu lhes fui leal, eu vestia as suas camisas e honrava, com minha dedicação e experiência, a dedicação e a honorabilidade com que também se dedicavam.

Lembro-me como ontem da eleição para troca de diretores ocorrida em 1982, em que eu tinha como companheiro de *front* o não menos batalhador Diogo Baeza.

Eu tinha, à época, pouco mais de 30 anos e podia passar noites e noites sem dormir, mas ele, com mais de 50, já não ostentava o mesmo vigor físico que eu.

Só que, de minha parte, fiz, com meus botões, a solene promessa de que, enquanto não o visse "pregar", também não haveria de fazê-lo e nem mesmo reclamaria de cansaço ou fadiga.

Mas, acontece que, apesar de seu mais de meio século de vida, o Baeza era um "monstro" de abnegação e resistência. Varava comigo (e com outros camaradas) noites e noites a fio.

Até que um dia, quando nos encontrávamos reunidos na sede do Partido Comunista Brasileiro, na Rua Maria Paula, em São Paulo, vendo-o, finalmente, "entregar os pontos", pude também depois de mais de uma semana de 24 horas de batalha diária, dar uma "cochilada" de algumas horas, uma vez que nessas batalhas nosso desempenho era fundamental para ganharmos as eleições e nosso vigor era o "carro-mestre" para que esses intentos fossem alcançados.

E não me vanglorio por haver dormido somente após vê-lo fazer, pois, se possível fosse, avançaríamos juntos quantas horas, dias, semanas ou meses fossem necessários para não devolver aos "pelegos e oportunistas", contra os quais disputávamos aquelas eleições, aquela entidade que tanta luta já havia nos custado desde quando a conquistamos e a devolvemos aos seus legítimos e merecedores representantes, que eram os cobradores e motoristas de ônibus de São Paulo, Osasco e Itapecerica da Serra.

Vivi, entre esses bravos e valorosos representantes dos trabalhadores, uma das mais áureas fases políticas e sociais da minha vida. Tudo o que fiz, faria de novo, e o que não fiz, quer seja por falta de condições, quer seja por impedimentos legais, eu lamento.

Nunca perdi em toda a minha participação entre eles. Nada lamentava. Aprendia mais, a cada dia, entre esses abnegados cidadãos.

Eu tinha que ter uma identificação funcional para poder, de posse desse "rótulo", fazer-me integrante daquela laboriosa e sofrida categoria, e o fazia na condição de "Encarregado de Cadastro". Tinha uma equipe de leais e dedicadas funcionárias que como eu não mediam esforços para servir.

Eram delicadas, educadas, inteligentes e espertas, condição *sine qua non* para poderem fazer parte daquele departamento, uma vez que era ali que eram elaboradas as listagens de eleitores em condição de voto.

Nunca, em toda a história política sindical daquela entidade, um cargo era tão cobiçado pelos "oportunistas", que se escondiam na fachada de "autênticos" para poderem me fazer desafios, ou ainda, achando que conseguiriam com suas tentativas chulas, tentar tirar-me da concentração que o departamento me exigia.

Por essa ocasião, eu tinha uma "namoradinha" que prestava serviços noutro departamento do sindicato, mas que — tendo em vista ser meu nome o mais comentado entre todos aqueles "pelegos" que queriam a todo preço ver-me fora dali para, então, terem acesso aos seus intentos — me contava, amiúde, o que ouvia falarem de mim nos bastidores, haja vista que nosso "idílio" era mantido em segredo para muitos.

Era, aliás, até interessante (e estratégico) mantê-la noutro departamento, pois, com a política "porca" que praticavam às minhas costas e, não a conhecendo como minha namorada, comentavam em sua frente o que achavam e o que não achavam da minha performance como chefe de um dos setores mais importantes daquele sindicato.

Assim, numa dessas "confidências" espontâneas, um certo cidadão, de quem pouparei o nome neste relato, disse, entre outras coisas, que "no 2.° andar daquela entidade tinha um chefe ladrão"...

Ocorre que esse mesmo "amigo do alheio", esse "inocente útil", esse "idiota inconformado" tinha uma companheira que gostava de dar-lhe, vez por outra, uma "sacaneadinha" e vivia esfregando-se em mim pelos corredores do prédio, fato que, por respeito à namorada que eu tinha ali e ainda por respeito (talvez até imerecido) a esse mesmo indivíduo, eu evitava até onde fosse possível.

Mas, esse "babão", não a sabendo minha namorada, como, de fato, ninguém sabia, cometeu a imprudência de "abrir a boca" em sua frente, e ela, até certo ponto ofendida, veio me contar.

Eu lhe disse que o que ele apregoava não tinha o menor dos fundamentos, mas que, na contrapartida, a "companheira" dele (de quem também omitirei o nome) vivia me pondo contra a parede e que, como punição às insinuações mal fundamentadas, iria, na primeira oportunidade, fazer-lhe a vontade, com cuja ideia ela, de pronto, concordou.

Ficamos na expectativa apenas do melhor momento. E o momento apareceu.

Um belo dia, voltando do intervalo de almoço, vejo-o entre alguns "comparsas" usando de novo as mesmas insinuações, de forma que, não tendo como negar, haja vista que tinha ouvido nitidamente a menção ao meu nome, disparei ante o espanto de seus acompanhantes aquilo que ele jamais esperaria ouvir de alguém:

— Você vive falando pelos corredores e para alguns colegas funcionários que tenho nesta entidade que eu sou ladrão, mas disso você não tem a menor das provas. Ocorre que estou vindo neste momento de um motel, onde tive como acompanhante a sua mulher!

Só tive tempo de ver seus olhos arregalarem ao ponto de quase lhe vazarem das órbitas, ao mesmo tempo em que, de punhos cerrados, avançava contra mim, e não fosse a turma do "deixa disso", talvez eu nem estivesse agora narrando estes fatos...

Foi, como notam, a minha terceira "desforra" contra meus desafetos. A primeira, já citada, contra o Dormércio, no episódio da "guaxuma"; a segunda, no episódio com os gregos; e, dessa vez, contra esse "babão" que, naquele mesmo dia, pediu desligamento de suas funções na entidade, cujo "deferimento" foi eu quem lhe concedi!

Não achem, todavia, meus caros leitores, que isso me deu prazer. Bom mesmo seria que essa situação não tivesse se consumado, e assim, teríamos evitado aquela situação de "saia justa" para os dois lados.

Mas, isso tudo tinha uma explicação. E a explicação para suas insinuações é que, sendo chefe de um departamento, num dos sindicatos mais importantes de São Paulo, eu tinha, modestamente, um belo dum padrão de vida, padrão esse que eu "comprava" com 18 ou mais horas diárias de trabalho, fato que, para alguns "parasitas", é um grande fator de preocupação.

Esses "inocentes úteis", que, naqueles anos 80, infestavam os corredores das entidades sindicais, eram perfeitos agentes do patrão, meliantes, dedos-duros e, vendo tamanha abnegação de minha parte e de minha equipe, não podiam mesmo, nunca, concordar.

O JANISTA

Estávamos agora no ano de 1985.

Naquele ano, em eleição realizada pelo colégio eleitoral, em Brasília, Tancredo Neves viria a se tornar o primeiro presidente civil do país desde 1974. Morreria, todavia, infelizmente, depois de enorme agonia, em 21 de abril desse mesmo ano sem ter tido o "gostinho" de sentar-se na cadeira do planalto.

Pelo país afora continuavam os movimentos pelas conquistas de liberdades suprimidas em 31 de março de 1964, com a deflagração da revolução.

Não havia ainda liberdade total e irrestrita, como queriam muitos, mas já se respirava, de leve, os ares da "abertura política", promessa feita pelo General João Batista de Figueiredo, quando, em seu discurso de posse, disse, entre outras coisas: "juro fazer deste país uma democracia".

Não tínhamos ainda o direito de voto para Presidente da República, mas já o fazíamos para prefeito, governador, senador, deputados e vereadores.

E naquele ano, as disputas pela prefeitura de São Paulo ocupavam todas as rodas de comentários.

De um lado, um candidato apoiado por todas as forças tidas como "progressistas" do país e, do outro, um antigo "fujão", que, alegando ter sido movido por "forças ocultas", renunciara, nos anos 60, pouco tempo decorrido depois de haver sido empossado, ao cargo de dirigente maior desta nação, abrindo, com esse gesto, o caminho para que a ditadura militar fosse implantada, e sob domínio da qual ainda nos encontrávamos.

MOMENTOS

Seria, pois, uma eleição em que Fernando Henrique Cardoso representava o "bem" e ele, o Jânio Quadros, o "mal".

Tanto representava o "mal" que foi em função dessa renúncia mal explicada que, por vinte e alguns anos, nós, os brasileiros, passamos pelo que passamos. Não havia, pois, de minha parte, condição alguma de considerá-lo diferente.

Eu me achava, nesse período que antecedeu o grande pleito, gozando de merecidas férias, haja vista que, como em 1982, havia me desdobrado em função da eleição de uma chapa com a qual me simpatizava (e que gozava também da simpatia da maioria dos trabalhadores daquela categoria), de forma que, como "dono do meu passe", podia participar de todo e qualquer comício que o "FHC" participasse.

O dia das eleições se aproximava, e os comícios finais das duas campanhas polarizavam as atenções. Ninguém apostava no vencedor, ninguém arriscava um palpite, ninguém se atrevia a prognosticar o vencedor daquelas eleições, tal o acirramento de que se revestiam os cabos eleitorais de ambos os candidatos.

O comício de encerramento da campanha do "FHC" foi na Praça da República, onde, seguramente, mais de 100 mil simpatizantes e militantes se fizeram presentes, enquanto, por parte do "adversário", o comício de encerramento de campanha ocorreu na Praça Padre Aleixo, em São Miguel Paulista, forte reduto do candidato, e quantos participaram confesso até hoje não saber.

Mas, o fato é que, no dia seguinte ao comício da Praça da República, onde me fiz, como de praxe, presente, em conversa com um grande amigo, de nome JORGE BARDAKJIAN, sabedor de que lá estive, perguntando-me quantos eleitores lá estiveram, respondi-lhe que, seguramente, de 50 a 100 mil pessoas.

Perguntado ainda se eu sabia quantos haviam participado do comício do outro candidato, respondi que não sabia, mas, que, com certeza, uns 4 ou 5 mil "bêbados" iguais ao próprio candidato...

Minha imprudência foi ter feito esse comentário sem olhar quem mais se achava, nessa hora, naquela loja de calçados, pois, ato contínuo, vejo às minhas costas um indivíduo sacando uma arma e a apontando para mim. Disse-me que "ou retirava o que havia falado, ou me queimava ali mesmo"!

Nesse mesmo momento, meu filho, que por ali passava de bicicleta, ao assistir àquela cena, vai, apavorado, até a viatura de ronda escolar que por ali passava e pede que intercedam em meu favor, pois "um cara" estava querendo me matar.

O que se seguiu foi como uma cena de filme bang-bang em que, após vencido, o "bandido" entrega ao "mocinho" todas as suas armas ocultas. Ele não estava de posse somente daquela arma que me apontava, mas, inclusive, de várias outras e, nem seria necessário dizer, todas sem o devido porte de uso.

Parecia um arsenal ambulante.

Devidamente desarmado e à disposição do policial que o abordou, na ausência de argumento maior que lhe justificasse o ato, disse que assim agia para vingar-se do fogo que eu havia ateado no comitê político do candidato que ele representava.

Isso posto, sou, a contragosto, pois me achava de passagem por ali (sem lenço e sem documentos), intimado a comparecer ao Distrito Policial, onde deveria depor, como testemunha civil, contra aquele que me agredira, por porte ilegal de armas.

Mas, eu era na ocasião (como, aliás, sempre fui por onde passei) querido no bairro em que morava, e assim, alguns amigos que assistiram à cena, mas não estavam devidamente informados das razões, ao verem que fui colocado na viatura policial em

MOMENTOS

direção ao 46.º DP, se encarregaram de, imediatamente, avisar meus familiares.

Assim, funcionário do Sindicato dos Condutores que eu era, haja vista que somente estava de férias, tinha por direito, embora não precisasse (pois eu era a vítima, e não o réu), quantos advogados quisesse, e para lá enviaram para me representar o Dr. Alcidio Boano.

Como, todavia, toda aquela encrenca tinha sido gerada em função de um entrevero de cunho político, coube ao PMDB, partido pelo qual meu candidato concorria àquelas eleições, enviar também um advogado que, na hipótese do pior, me defenderia.

Ocorre que eu tinha também por essa época um irmão caçula que servia ao Exército Brasileiro e que, devidamente alertado, dirigiu-se ao DP guiando uma viatura, na qual, além dele, achavam-se presentes um capitão e um tenente que me conheciam e que se prontificaram a também me prestar solidariedade.

Todo esse aparato, todavia, era até certo ponto desnecessário, pois eu havia sido agredido verbalmente e acusado de coisas que não fizera, e isso mais tarde se comprovaria.

Durante todo o percurso até o Distrito Policial, ouvi por parte daquele "meliante" todo tipo de provocação possível, haja vista que, sabendo-se perdido, não poupava desaforos na expectativa de que, reagindo, eu lhe devolvesse a hegemonia que perdera ao tentar me agredir.

E foi assim que, pelos pouco mais de 5 quilômetros que nos separavam do DP, ouvi, entre outras coisas, a seguinte provocação:

— Quero só ver no Distrito Policial a favor de quem o delegado irá ficar. Se a mim, que trabalho para o "dotô Jânio", ou se para você, que é "incendiário e comunista"...

Não lhe fiz, todavia, o jogo, embora a tentação fosse, naquele momento, maior que minha vontade de me controlar.

Diante da autoridade policial, no 46.º DP, uma agradável surpresa me aguardava, pois o titular naquela hora era meu grande amigo, Dr. Edson Leal, que, por força do ofício, nos ouviu, mas que, imediatamente, reconheceu minha inocência, haja vista que tudo o que foi falado de minha parte comprovou-se.

De sua parte, inquirido, insistia no fato de que eu havia sido o responsável pelo incêndio de que o comitê de seu candidato tivera sido alvo num determinado dia da semana, e o fazia alegando, inclusive, ter me visto consumando o fato.

Respondendo à autoridade que naquele dia achava-me em campanha eleitoral no Sindicato onde trabalhava e, ato contínuo, exibindo holerite do mês anterior, em que estivera "na ativa", vejo o olhar de assombro ao constatar que, além das horas normais (estávamos em período anterior à Constituição de 1988, e a carga horária era ainda de 240 horas), eu havia feito também 259 horas extras...

Se somássemos, assim, todas essas horas de trabalho, chegaríamos tranquilamente à conclusão de que eu havia, naquele mês de outubro de 1985, trabalhado por mais de dois trabalhadores em condições normais.

Não havia, assim, como me incriminarem de ter sido o causador do incêndio do comitê político do "Dotô Jânio".

Nada mais do que se falou bastou para livrá-lo dos crimes de difamação e calúnia, de agressão por palavras e gestos, de tentativa de homicídio contra minha pessoa e de porte ilegal de armas.

Havia ainda outros crimes cometidos no Nordeste e que seriam, posteriormente, apurados. Havia até queixas de roubos de cavalos...

MOMENTOS

Assim, enquanto eu, totalmente livre e assediado pela imprensa, com todas as garantias legais asseguradas, sou dispensado, ele, o causador de tudo aquilo e meu acusador, fora intimado a apresentar o nome de um advogado que lhe pagasse a fiança, sob pena de lá permanecer.

Ao mencionar, todavia, o nome do Dr. Rubens de Biasi, um brilhante e grande amigo que tinha seu escritório no mesmo prédio do "Taipas Imóveis e Administração", do qual era também proprietário, senti-me no direito de contra-argumentar e, ao fazê-lo, tive meu pedido "deferido" pelo Dr. EDSON LEAL, pois eu era inquilino de uma residência administrada pelo "Taipas Imóveis".

Isso, na realidade, era o mesmo que dizer que o Dr. Rubens não iria, sob nenhuma hipótese, representá-lo ou defendê-lo naquele Distrito Policial, quando soubesse que uma das pessoas envolvidas se tratava de um de seus "clientes".

Não obstante, eu fazia, nas raras horas vagas que às vezes tinha, processos de regularização de imóveis que aquele escritório imobiliário transacionava. Era, assim, não só um cliente da administradora como também, se bem analisado, um de seus prestadores de serviço.

Assim, com meu argumento devidamente acatado por aquela autoridade policial, tenho o prazer de ouvir dele que o nome do Dr. Rubens de Biasi deveria ser descartado de sua "possível" lista de defensores naquele momento.

Dessa forma, inquirido sobre um possível segundo nome, não é sem prazer que ouço ser pronunciado o nome do Dr. Décio Moya, outro brilhante advogado com escritório na Vila Bonilha, próxima daquele distrito policial, mas que, para "cúmulo de seu azar", era também meu amigo.

Sinto-me novamente compelido a argumentar com aquela autoridade policial que era o Dr. Décio Moya, um dos advogados do escritório do Dr. Antônio Gimenez, que, por sua vez, era um vereador da Câmara Municipal de São Paulo, eleito pelo Partido Comunista Brasileiro, do qual eu também era um dos integrantes — muito embora "camuflado" no PMDB, como era o caso de muitos outros políticos de vulto em São Paulo, que, não querendo ainda se expor, usavam desse expediente conhecido por todos.

Ora, se contra mim "pesava" a acusação de ter incendiado um comitê de candidato que era, segundo meu acusador, um candidato "anticomunista", era de se imaginar que o Dr. Décio Moya, associado de um vereador de São Paulo, de partido de filosofias contrárias, não iria jamais naquele ato representá-lo contra um de seus integrantes, que era eu.

É, então, assim que, mais uma vez, com o sorriso embutido na alma, ouço o Dr. Edson Leal dizer que também esse nome estava "vetado" naquele momento. Em outras palavras, ele, meu acusador, naquele dia, só se saiu mal em suas tentativas de me incriminar.

Sou, enfim, dispensado e saio à rua junto a todos os advogados que ali haviam se apresentado para defender-me de algo que não fizera, com meu irmão e sua viatura militar do Exército Brasileiro e com seus amigos oficiais que o acompanhavam, mas, cá entre nós, depois de tudo aquilo, bem gostaria de ter sido o "causador" daquele incêndio pelo qual aquele janista tanto se batia.

O que se seguiu naquela tarde, naquele distrito policial, eu confesso que não sei, mas, na contrapartida, posso imaginar os "maus bocados" pelos quais ele, o funcionário do "dotô Jânio", deve ter passado.

É evidente que, com certeza, algum advogado, vindo de outra região de São Paulo, acabou lhe pagando a fiança e ele tenha se safado daquela encrenca que ele arranjou contra si mesmo.

Liberado, ovacionado e paparicado pela imprensa e por meus amigos sindicalistas que para lá haviam se dirigido tão logo tomaram ciência do acontecido, volto para casa todo satisfeito, onde, aguardando--me estava, vindo de Osasco, uma outra quantidade razoável de amigos e sindicalistas que, não tendo conseguido acesso ao Distrito Policial, optou por esperar-me ali.

Passados bons tempos, ainda se ouvia nas "rodas de comentários" a menção a esse fato, e havia até entre os mais afoitos quem dissesse que eu havia "peitado" uma fera, que eu era, a partir daí, um cara "jurado", que ele, o meu acusador, não era de perdoar etc.

Mas, isso não me preocupava. Tanto que, bons tempos depois, num encontro onde não me foi possível desviar, ouço, entre surpreso e feliz, seu pedido de desculpas, no qual, entre outras coisas, dizia que reconhecia que havia se metido com o cara errado e que não sabia que eu "era tão importante" assim!

Porém, o fato é que, importante ou não, recordar hoje tais fatos faz com que, de novo, nos recordemos de uma velha "máxima" que sempre uso em meus comentários acerca de todo e qualquer tópico que envolva o comportamento humano no dia a dia: "aqui se faz, aqui se paga".

O TERNO AZUL - (PARTE 3)

Sempre tive uma identificação muito íntima com essa cor. Parece que ela se inoculou em meu mental de forma definitiva e tão marcante, que em tudo, ou pelo menos em quase tudo, que faço ou adquiro, o azul tem que prevalecer.

Assim, quando de meu segundo casamento (omitirei aqui detalhes inerentes à minha vida sentimental como venho fazendo ao longo destes relatos), direi que o terno que usei era igualmente azul.

Como eu já vinha de um relacionamento pessoal desfeito e tendo em vista as próprias restrições da Igreja Católica para as situações relacionadas com esse particular, casei-me, em segundas núpcias, numa igreja ortodoxa localizada no Paraíso, em São Paulo e, dentre suas exigências, constava o azul como cor padrão para os nubentes.

Meus três filhos, oriundos do relacionamento anterior malogrado, assistiram ao belíssimo ritual nupcial e, por incrível que pareça, apresentavam, nesse dia, detalhes azuis em suas indumentárias.

Eu tinha pelo azul uma predileção toda especial, e parece que aquele episódio de 14 de dezembro de 1959, quando, trajando meu primeiro terno, cuja cor era essa, recebi meu certificado de alfabetizado, assim como o episódio vivido pouco tempo depois, nas águas lamacentas e assustadoras onde virei "herói mirim", não podiam mais, de forma nenhuma, deixar de me acompanhar.

MOMENTOS

Pois meu casamento, numa das mais luxuosas e tradicionais catedrais de São Paulo, em 31 de maio de 1984, não podia fugir a esse detalhe de observação, haja vista que, não bastasse trajar azul, não bastasse meus três filhos usarem azul, toda a ornamentação daquela catedral ortodoxa era azul.

Era, enfim, a minha cor.

A GREVE

Em algum trecho destes relatos, mencionei que fiz parte, como funcionário do Sindicato dos Condutores de Veículos de São Paulo, de várias situações que me marcaram. Ao mencioná-las, é como se novamente as vivesse.

Alguns fatos, todavia, marcaram mais que outros e, dentre esses, acha-se aquele em que, num belo dia (para ser mais preciso, uma noite) e após haver já cumprido meu plantão diário à frente da chefia do departamento de cadastro da entidade sindical, convidado que fui por alguns diretores por quem eu tinha um respeito quase que sagrado, acompanho-os à Auto Viação Brasil Luxo, situada no bairro do Imirim, onde eu ajudaria, com meu apoio "estratégico", a manter uma greve iniciada há 2 dias.

Ocorre que, como já foi dito, eu vinha de uma jornada de mais de 10 horas à frente do departamento e minha passagem por aquele local da greve seria somente estratégica, com a qual procuraríamos manter o "moral" daqueles que lá se achavam. Mas não aconteceu como imaginávamos.

O movimento paredista iniciado há dois dias por alguns funcionários daquela garagem, cuja principal reivindicação era a equiparação com outras empresas congêneres de uma faixa salarial até então defasada, tinha tendências a ir mais além do que se previa, uma vez que o dono daquela empresa (de novo, peço permissão para lhe omitir o nome) orgulhava-se de afirmar que, em todos os 35 anos de existência daquela empresa, ninguém, jamais, ousou pará-la, seja a que pretexto fosse.

Essas frases soaram como um desafio para mim. E como naquela empresa de ônibus existiam alguns elementos tidos como "baderneiros de plantão", uma prática largamente utilizada para tentar desestabilizar as tentativas de reivindicações sadias que defendíamos, achei de bom alvitre permanecer naquele local por mais algum tempo.

Contávamos também nessa empresa com alguns "leais" à causa e, dentre eles, destaco meu irmão, Benedito Mariano Neto (aquele mesmo para quem, no decorrer dos anos 50, no Morro Grande, a Maria Luiza, nossa vizinha, perguntava quantas surras havia levado), e isso, por si só, era uma das razões, senão talvez a maior de todas as razões, para que eu permanecesse por ali, até onde as energias permitissem, haja vista que, no dia seguinte, teria que estar a postos à frente das funções no departamento que eu dirigia.

Mas, a noite se fazia longa e, a exemplo dos episódios narrados pelo Jorge Amado, em seu livro *Ásperos tempos*, as provocações se faziam de todas as formas.

De um lado, um grupo de trabalhadores, que, insatisfeitos com seu salário, ou ainda, com as condições de vida na empresa, buscavam manter o movimento paredista e, de outro, o grupo de "anarquistas", alguns dos quais a serviço da própria empresa, não mediam esforços para sua desestabilização.

Eu me achava à frente desse primeiro movimento por duas questões específicas: a primeira delas era o idealismo com que me dedicava em tudo que fizesse e a outra, o fato de ter envolvido no movimento um irmão de sangue, que, não obstante toda a euforia, era, à época considerado por muitos dos "nossos" como ainda "verde" nesses envolvimentos.

Por volta das três da madrugada (é necessário mencionar aqui que todo o movimento numa empresa de ônibus começa por volta das três da madrugada, haja vista que os primeiros veículos são postos em circulação por volta dessa hora), as coisas ganharam proporções assustadoras.

De um lado, os grevistas não queriam permitir a saída dos veículos (chamados de "negreiros", por serem os veículos que apanham em locais estratégicos aqueles que irão dali para frente movimentar os demais veículos) e, de outro, os baderneiros e os "fura-greves", que, de todas as maneiras (algumas das quais até ilícitas), buscavam descaracterizar o movimento, até porque, é bom que se diga, qualquer malogro na tentativa da manutenção de um movimento paredista significa, para quem tenta mantê-lo, uma perda substancial de "moral política" perante seus comandados.

Todas as nossas posturas quando desses movimentos (contávamos com instruções para, sob nenhum pretexto, fazer-lhes o jogo) eram pautadas na segurança do trabalhador em greve, no respeito àqueles que não quisessem fazer parte e para com os policiais ali colocados, haja vista que, fosse como fosse, eram também trabalhadores.

Mas, com a saída do primeiro desses "negreiros" e ante nossa tentativa de não a permitir, uma pedrada vinda do lado dos "fura-greves" acerta em cheio um daqueles policiais ali colocados para a manutenção da ordem.

Era, todavia, o que aquele grupo buscava, pois, a partir daí, tantas foram as "cacetadas" que não havia trabalhador que se mantivesse.

A ordem era debandar, e eu não via, porém, nesse momento, qualquer argumentação para impedir a debandada. Era a integridade física dos trabalhadores, sob nossa responsabilidade, que se achava em jogo.

Eu respondia, ainda que de forma indireta, pela segurança desses trabalhadores. Por outro lado, era o mesmo que ver a tentativa da manutenção do movimento paredista ir pelo ralo.

Era nosso moral sendo vilipendiado por aquela "súcia" de anarquistas profissionais, que, derrotados que eram, em eleições limpas e democráticas em nosso sindicato, buscavam nesses atos extremistas uma razão para mais tarde apregoarem que éramos mal representados no "trabalho de base".

E a tropa de choque foi convocada...

E se fez presente!

Seu comandante, um capitão (cuja identidade mais uma vez peço permissão para omitir), avançava à frente da tropa, e protegidos por seus escudos de acrílico, aproximavam-se perigosamente de nossa facção, que, apesar de todo o movimento, mantinha-se firme, indiferente às provocações do grupo anarquista, indiferente às cacetadas que recebia e que ainda não havia de todo aderido à debandada.

Mas, quem resiste à tropa de choque? Quem, dentre todos os corajosos ou inconsequentes que ali se achavam, teria coragem de "peitar" a tropa de choque?

Quem, por mais razão que pudesse ter, iria se arriscar a "argumentar" com mais de 50 policiais que mais pareciam 50 "armários", armados e protegidos por seus escudos?

Por outro lado, não éramos (como até hoje não somos) tão irresponsáveis assim para, na tentativa de manter o movimento, sacrificar companheiros.

As instruções que recebíamos eram claras: não entrar no jogo dos anarquistas, mas também não tentar "peitar", nunca, a tropa de choque. Porém, alguma coisa tinha que ser feita.

Foi então que, movido de toda a coragem que julguei jamais ter, reunindo todas as reservas de moral que ainda me restavam, numa estratégia típica daquilo que, à época, chamávamos de "porras-loucas", detenho-me à frente da tropa e, invocando direitos de cidadão, argumento com aquele oficial, o qual, movido por um impulso de justiça, resolveu me ouvir.

Eu nada mais fiz que tentar mostrar-lhes que, embora "do outro lado" e colocados ali para reprimir, eles eram também trabalhadores e, nessa condição, os respeitaríamos.

Disse-lhe que estava "liberado" para nos manter encurralados e, mais energicamente ainda, até "enfiar o guatambu" naquela comissão de trabalhadores, mas que antes ponderasse no ato, e mais, que procurasse verificar de onde partira a pedrada que lhes atingira.

Pedi que conferisse se entre os do "meu grupo" havia pelo menos um portando armas de fogo, estiletes ou ainda estilingues.

Invoquei para o direito líquido e certo de cada trabalhador que, insatisfeito com as condições de vida e salários, fizesse uso da única e verdadeira arma de que dispunha, que é o direito de greve.

Por fim, argumentando com cátedra e respeito, pergunto-lhe se por acaso ele, como comandante daquele pelotão, não se constrangeria em autorizar que fôssemos massacrados de forma aviltante para nossos direitos de cidadãos e se ele, em sã consciência, deixaria de nos reconhecer a organização e a disciplina com que até aquele instante dirigíamos nosso movimento...

Roguei para que ele, como comandante, assim como qualquer um de seus comandados, apontasse quem dentre os nossos tinha jeito de anarquista, de malfeitor, de contraventor, de ladrão, de assassino que justificasse aquele aparato.

MOMENTOS

Fiz com que sentisse que, partindo de uma classe trabalhadora aviltada, enganada, usurpada e mal reconhecida, aquele movimento, que — enfatizava — era justo, não podia, nunca, por ser justo, sofrer aquele tipo de repressão...

A isso se juntaram os repórteres e jornalistas que para ali foram convocados, de forma que aquele oficial, desde o instante que resolveu me ouvir as argumentações, passou a ser o foco das atenções.

Ninguém, em meio àquele movimento, estava mais tranquilo que eu pela forma como conduzi aquela negociação, mas, confesso, teve instantes em que senti que tudo estava deteriorado, pois aquele comandante arregalava os olhos, a cada nova frase que eu proferia, surpreso e inconformado por tudo que ouvia.

No dia seguinte, as manchetes de todos os jornais ali presentes (entre estes, *O Estado de S. Paulo*) fizeram menção à coragem e ao arrojo de um "certo líder sindical" que não somente ousara "peitar" a tropa de choque, como ainda argumentar com seu capitão, ganhando-lhe a simpatia pela forma como o fez.

O jornal *O Estado de S. Paulo*, em matéria publicada numa de suas páginas, dizia com certa ênfase que, pela primeira vez em toda a história, um oficial da tropa de choque, chamado a reprimir um movimento paredista, rendera-se aos argumentos de seu líder!

Numa outra vez e já na condição de funcionário do recém-montado Sindicato dos Motoristas e Cobradores de Osasco, quando do assassinato de um trabalhador da Auto Viação Himalaia e diante da inércia de seus diretores em tentar identificar seu assassino, convocado que sou para representar o Sindicato naquele funeral, reivindico para mim o direito de justiça daquele assassinato.

147

Como o Sindicato dos Condutores de Veículos de Osasco era ainda um "embrião" no movimento sindical brasileiro, muitos de seus diretores achavam-se nessa hora em atividades em suas respectivas empresas e não podiam, de forma presente, prestarem ao trabalhador assassinado e seus familiares a justa e merecida homenagem.

Assim, contando com o apoio do Sindicato dos Químicos de Osasco, que, na pessoa de seu presidente, cedeu-me o carro de som daquela entidade, e com a devida permissão e conhecimento do então prefeito da cidade de Osasco, Dr. Humberto Carlos Parro, transferi do veículo funerário para aquele que fora cedido pelo Sindicato dos Químicos, o corpo do trabalhador assassinado...

Ato contínuo e com o alto-falante a todo som, percorro as principais ruas do centro da cidade de Osasco, contando a quem quisesse ouvir que aquele ato de protesto era uma forma de mostrarmos às autoridades policiais de Osasco e de São Paulo o nosso descontentamento por aquele assassinato ocorrido à luz do dia, na porta da empresa em que trabalhava.

Argumentava, à medida que outros veículos de outras entidades sindicais de Osasco e região juntavam-se àquele comboio, que se por acaso o papel fosse inverso e, ao invés daquele trabalhador assassinado, fosse o seu empresário a sofrer aquela brutalidade, com certeza, no mesmo instante, todo o aparato policial teria saído às ruas para deter ou tentar localizar o assassino.

Àquele comboio de "insatisfeitos" juntavam-se agora alguns comerciantes da Rua Primitiva Vianco, que, em solidariedade, "baixavam" as portas de seu comércio à medida que passávamos e a partir do instante que se tornavam conhecedores do real motivo daquele protesto.

Outros, mais "conservadores" ainda, tentavam protestar contra nossa atitude, alegando que aquilo era um ato de terrorismo premeditado, uma vez que, com nossa caravana, atravancávamos todo o trânsito.

Outros ainda alegavam que o "sequestro" do cadáver para com ele fazer proselitismo pelas ruas do centro de Osasco merecia punição severa por parte dos policiais contra os quais dirigíamos nossa fala.

Em nossa defesa, todavia, juntaram-se, embora visivelmente contrariados, alguns policiais militares, que, a pretexto de nos "dar segurança", aproveitavam para também alegar suas faltas de condições de trabalho e subsistência.

Assim, cumprido nosso protesto, aproximando-nos do cemitério onde o corpo daquele desafortunado seria enterrado, devolvo-o ao veículo funerário e, sob o clamor do reconhecimento de todos, dou aquela missão por encerrada.

Essa missão e as demais desenvolvidas ao longo de minha permanência como funcionário do Sindicato dos Motoristas de São Paulo redundaram no respeito e no carinho recíproco que usufruo ainda hoje.

Essa vivência colocou-me frente a frente com situações em que somente a esperteza e a perspicácia deveriam ser seus aliados.

Não foram poucas as vezes em que, devido ao arrojo e à dedicação com que me envolvia nessas situações, me vi forçado a agir valendo-me dessas prerrogativas.

Numa dessas, no decorrer dos anos 80, quando da realização de umas eleições nas quais figurei como "estrategista", vi-me de frente com a "cara do diabo", se é que, de fato, o diabo tem cara. Mas outra comparação não cairia tão bem diante do ocorrido.

Eu defendia a manutenção daquela diretoria que, como já relatei, entre outras coisas, empenhara seus próprios bens pessoais na tentativa de obter junto à Caixa Econômica Federal o empréstimo que lhes valesse o pagamento, naquele mês, dos funcionários da entidade.

Mas, com o devido respeito pelas opiniões contrárias, nem todos eram assim tão merecedores daquele sacrifício por parte daqueles diretores. De idêntica forma, havia naquele tempo diretores que ali foram colocados a mando do Ministério do Trabalho, para "inibir" os movimentos trabalhistas.

Com a eleição ocorrida em meados de 1979 e com a vitória obtida por um grupo de trabalhadores, entre os quais já mencionei José Sonni, José Rodrigues de Souza e outros, restaram alguns funcionários que até então eram ali mantidos como "testas de ferro" dos "pelegos" do movimento sindical.

Desses pelegos, todavia, manterei o anonimato de identidade, haja vista alguns dentre eles estarem ainda hoje "mamando nas tetas" da categoria.

Eram eles à época aqueles a quem, muitos anos depois, Fernando Collor de Melo iria chamar de "marajás" ante o vultoso salário que recebiam e a pouca produtividade que apresentavam.

Fui designado a exercer funções no lugar de um desses "marajás", então um dos primeiros desafios pelos quais passei, uma vez que aquela entidade sindical se achava infestada deles. Enfrentei todo tipo de discriminação que ia desde os "não cumprimentos", como aos "boicotes", costumeiros e usuais.

Mas essa diretoria disse a que veio. Com a contratação de um administrador sindical, enxugada a folha de pagamento, dispensados alguns desses "parasitas" e "marajás", começou a sobrar para quem agora "vestia a camisa" o direito ao uso do privilégio de ser, então, o foco das atenções.

MOMENTOS

Passei a ser um desses "focos".

Tomava, à frente do departamento que eu dirigia, posições ou decisões que, se malogradas, afetariam todo o movimento, mas que, se contempladas com o positivismo a que se propunham, rendiam aos diretores todos os louros de uma política bem dirigida.

Inúmeras foram as decisões que tomei, ou posturas que assumi, que só vieram a se tornar notórias tempos depois de assumidas.

Numa dessas, durante a realização de uma das várias eleições das quais participei, sou abordado por um certo associado, que, sabedor da minha preferência por uma das chapas, resolveu colocar em dia suas contribuições para com a entidade e obter, assim, direito de voto.

Ocorre que a tentativa ficou só na promessa até o dia em que, em meio ao tumulto ocasionado por esses períodos de eleição, vejo-o entre outros, na fila de votação, e com certeza aquele voto seria para a chapa com a qual eu me simpatizava.

Mas, ele não estava com seus direitos sindicais devidamente em ordem, haja vista estar com quase um ano de "lacuna" em sua ficha de anotação dos pagamentos.

Entre os que integravam aquela fila de votantes, havia com certeza um ou outro que, por direito, votaria na chapa adversária, mais uma razão para que eu não deixasse passar aquela oportunidade de "ganhar" o voto desse meu amigo para a chapa que eu defendia.

O processo de votação exigia que o elemento se identificasse com a carteirinha de associado e com os recibos de pagamento que comprovassem um máximo de noventa dias anteriores ao período da votação.

Quem não detinha, pois, esse comprovante automático de votação era tirado da fila, levado à administração onde eu me encontrava e, verificado o direito, com a ficha de pagamentos em dia, era devolvido à fila de votação.

Acontece que eu já havia em processos preliminares inserido seu nome em meio àqueles com direitos legais de voto, e a solicitação, por parte do mesário, para que fosse à secretaria buscar o "de acordo" iria gerar suspeitas por parte dos integrantes da chapa da oposição. E eu não poderia deixar que isso ocorresse!

Ao meu lado, nesse momento, encontrava-se o candidato da chapa situacionista, meu grande amigo Pedro Paulo de Andrade, de saudosa memória.

Sobre esse companheiro e amigo, vale dizer que fui informado de sua morte no dia em que um dos meus filhos realizava sua celebração de casamento. Se fosse eu, naquele dia, o "dono da festa", iria, em respeito a essa perda, pedir que parassem com a celebração.

Mas não tinha esse direito. Era meu filho quem se casava, e não eu. No entanto, a festa para mim, daquele momento em diante, perdeu parte de seu brilho, pois era um amigo que jamais veria...

Mas vai daí que, diante da impossibilidade de comprovar seu direito de voto, muito embora seu nome se achasse inscrito na listagem daqueles que tinham esse direito, sou procurado na secretaria por um dos "testas de ferro" da chapa oposicionista, que, entre outras coisas, esbravejava contra aquela "irregularidade", reivindicando, inclusive, o direito à anulação daquele pleito, que, segundo ele, estava "eivado" de falcatruas.

De posse de sua ficha, na presença do meu amigo Pedro Paulo e de costas para o "opositor", vou, à medida que "concordando com o elemento da oposição" e "ralhando" com a funcionária que me trouxera aquela ficha, inserindo os famosos *pg* no espaço falho, devolvendo-lhe nesse ato o seu direito de voto.

Vi meu amigo Pedro Paulo "amarelar", mas vi também o sinal de "ok" desse meu amigo, quando, voltando da sala de votação, assegurava-me mais um voto para a chapa que eu ajudava.

Não foi esse, todavia, o único ato de arrojo que desempenhei naquele pleito. Os méritos da chapa, todavia, não foram contestados pelo juiz, que, reconhecendo a ficha como "em ordem", determinou que seu voto fosse válido.

Eu era muito respeitado por grande parte do segmento do qual fazia parte. Isso, aliado à sinceridade de objetivos que lhes punha à disposição, valia, na contrapartida, a resposta a meus chamamentos.

Assim, um telefone meu para determinado associado valia um voto...

Uma deferência minha a um pedido por um ou outro aposentado valia outro voto...

Um tratamento carinhoso a um associado quando me procurava valia outro voto...

Isso era algo que não se podia contestar.

O Sindicato tinha, naqueles anos, um terreno de propriedade da "categoria" na Praia Grande, em São Paulo, onde estava se construindo a colônia de férias.

Enquanto, porém, os alojamentos e quartos não estavam em condição de uso por parte dos associados, o uso da "colônia" limitava-se a um só dia.

Eu tinha um amigo associado, de nome Paulo Aparecido Pelaes (dele, como da Marli da Favela do Piqueri, faço questão de falar o nome), que, sabedor da minha preferência por uma determinada chapa, porém não sabendo qual entre as duas que disputavam um certo pleito, mas não querendo também privar-me desse voto, pergunta-me, diante de punhado de elementos da "situação" e da "oposição", como é que se fazia para utilizar a colônia.

Para que seja possível analisar o grau de apego, de ambas as partes, direi que esse amigo adquiriu comigo, por volta de 1982, em Cananéia, um terreno contíguo ao que eu também já houvera adquirido. Éramos muito unidos, e sabia que eu não perderia aquele voto.

A mensagem subliminar que lhe passei, em resposta, valeu-me mais um voto, haja vista que, nesse caso, a chapa que eu representava era a chapa 1, pois respondo-lhe, inclusive com gestos de mostrar com dedos, que "por um dia" aquele balneário podia ser ocupado, mas "por dois" era impossível...

Todos os que assistiram ao diálogo ficaram cientes de que eu lhe falava do direito de uso daquele balneário, mas, na verdade, e devidamente interpretado por ele, respondi que a chapa na qual eu queria que ele votasse era a chapa 1!

Atitudes como essa naqueles tempos valiam muito, pois um voto representava uma vitória.

Recordo-me até de um dia em que, devido à própria rivalidade que havia entre os grupos, ocorreu algo então inusitado no meio sindical: foram verificados 3.888 votos para cada uma das chapas concorrentes!

E o 3.º escrutínio se fez necessário, haja vista que o 1.º havia sido simbólico e, no 2.º, verificara-se o empate.

Foi, todavia, no decorrer da realização do 3.º pleito que o respeito e a admiração se fizeram notórios naquela categoria, pois a chapa 1 ganhou essa eleição de forma estupenda. Estava consolidada a nossa liderança.

Meu nome ganhou ainda mais respeito no seio daquela categoria, que, com meu carinho e dedicação, ajudava a cada dia.

Meu nome era citado em todas as reuniões da oposição ao ponto de até, entre outras coisas, afirmarem (vim, depois, saber) que "somente ganhariam uma eleição naquele sindicato quando eu não mais lá estivesse"...

Valeu-me também o respeito e a admiração por dirigentes de outras categorias. Passou a ser corriqueira a abordagem por parte de diretores de outras entidades sindicais que, entre um bate-papo e outro, perguntavam-me se não gostaria de fazer parte do quadro de funcionários das entidades que representavam.

Um desses, já falecido, de nome Joaquim dos Santos Andrade (Joaquinzão), por várias vezes tentou me levar para o Sindicato dos Metalúrgicos de São Paulo. Sentia-me, todavia, bem entre aqueles que eu representava.

Não posso, todavia, em agradecimento, deixar de citar os diretores dessas outras entidades, cujo respeito era recíproco, entre os quais um que até hoje goza, de minha parte, do mais absoluto respeito e carinho.

Entre eles, destaco o José Pereira Neto, atual presidente do Sindicato dos Comerciários de Osasco, e o Cláudio Camargo Crê (Magrão), ex-presidente do Sindicato dos Metalúrgicos de Osasco e hoje deputado federal.

Expresso também meus respeitos sinceros aos que tombaram no cumprimento de seus deveres e, entre eles, incluo e reverencio meu grande amigo, Ismeraldo Nunes dos Santos, de tantos envolvimentos e batalhas, covarde e misteriosamente assassinado em meados de 2002, e Josemir Gonçalves (Bruce Lee), em 1992.

Tudo, porém, tem o seu tempo certo para acontecer e, findo o meu direito de usufruir desse privilégio da natureza, transfiro-me, tempos depois, para outro sindicato, onde, com o mesmo carinho e dedicação, efetuo aquilo que o universo me deu de graça: trabalho, honestidade e critério a favor de uma classe.

Dessa vez, a classe com quem eu dividi minhas experiências foi o Sindicato dos Hípicos do Estado de São Paulo, de onde saí em meados de 1992 para exercer as funções de vice-presidente do Sindicato dos Empregados em Entidades Sindicais do Estado de São Paulo.

Sobre essa nova função, todavia, não emitirei nenhum tipo de comentário acerca do que fiz ou deixei de fazer, haja vista minha pequena permanência, uma vez que, saindo dali, ingressei no Sindicato dos Proprietários de Postos de Gasolina do Estado de São Paulo, onde, com o mesmo denodo e carinho, cumpri com as minhas funções até o dia de minha aposentadoria, em 18 de novembro de 1999.

Havia feito a minha parte!

Conheci, no entanto, nos mais de 10 anos que ali fiquei, pessoas ilustres e respeitadas no meio político sindical do Brasil, entre as quais cito e destaco o Dr. Aldo Guarda, o Dr. José Maria Caiafa e outros.

A eles meus agradecimentos pela forma com que me acolheram e minhas homenagens pela lisura e inteligência demonstrada em cada negociação em que me foi possível acompanhá-los.

Foi também nessa entidade que convivi com pessoas lindas de espírito como a Maria do Socorro (funcionária da subsede de Santos), Dr. Valter Alves de Souza (um dos mais brilhantes advogados trabalhistas que tive o prazer de conhecer), Márcia Milaré (funcionária da subsede de Araraquara), Itamar Ali (funcionário da subsede de Barretos), Marcelo Ribeiro, Cleber Aguiar, Dr. Mauro Corradi (funcionários da sede central em São Paulo) e outros a quem, agradecido pela amizade e carinho, cumprimento e reverencio neste relato.

CÍRCULO ESOTÉRICO

Minha atuação, quer tenha sido como funcionário da Administração Regional de Pirituba Perus, quer tenha sido como membro do "mutirão de reconstrução" daquelas casas demolidas no Jardim Robrú, ou como membro da sala de leitura da Biblioteca Mário de Andrade, quer ainda como funcionário dos vários sindicatos por onde passei, teve méritos e teve o reconhecimento de todos aqueles que, de uma forma ou de outra, tornaram-se seus beneficiários.

Outra atividade, todavia, veio a reforçar esse currículo e da qual igualmente me orgulho, como, aliás, me orgulho de todas as atividades que desempenhei e de todas as tarefas que me foram atribuídas ao longo deste relato.

Era o ano de 1970, e minha família havia se mudado para um bairro tão periférico como aquele que, nos anos 50, servira de lastro a este início de aventuras.

Havíamos mudado de Vila Brasilândia, um bairro que, por esse tempo, já figurava entre um dos progressistas bairros de São Paulo, para o Jardim Rincão, que, por sua vez, ao contrário da Brasilândia, carecia de tudo quanto era infraestrutura.

Nesse novo bairro, enquanto preocupado em construir a casa na qual iríamos morar por muitos anos, uma vez que fôramos habitar uma casa alugada, de propriedade de um amigo, meu pai, o grande batalhador que houvera melhorado o panorama do Morro

Grande quando de sua reivindicação pela luz elétrica que tanto progresso lhe trouxera, preocupava-se já também em tornar esse nosso novo reduto tão aconchegante quanto aquele do qual saíramos.

Foi assim que, em conversas aqui e acolá, travamos conhecimento com o Padre Humberto Jongen, que, talvez por missão, para ali tinha sido também enviado.

Dessas conversas com o padre, surgiu a ideia da fundação, para aquele bairro, de uma entidade de classe, que, reivindicando junto aos poderes públicos, viesse a obter, a exemplo do que já ocorrera em outros locais por onde havíamos passado, os tão necessários melhoramentos.

Dessa maneira, com o apoio deste padre, que por muitos anos foi o seu incentivador e colaborador, fundou, em 25 de janeiro de 1970, a *SOCIEDADE DE AMIGOS DO JARDIM RINCÃO*, entidade que, uma vez fundada e registrada sob o n.º 34.337, no 2.º Cartório de Registro de Títulos e Documentos de São Paulo, veio a se tornar uma das mais destacadas entidades de classe daquela região.

Ocupei, nessa primeira diretoria, o cargo de secretário-geral, e ao lado de seu presidente, Ângelo Mariano (tido por muitos como uma "quase lenda" por tanto brilhantismo e dedicação), fizemos, com o apoio do Pe. Humberto e dos outros integrantes daquela diretoria, uma bela e reconhecida administração.

Vivi nesse período, ao lado de Severino Vieira de Lima, Osmar Galvani, Deraldino Rodrigues, Salvador Francisco Giuli e outros valorosos operários da periferia paulistana, um dos mais marcantes períodos de minha existência, tantas foram as conquistas de caráter administrativo que obtivemos junto às autoridades.

MOMENTOS

Outras atuações, entretanto, tornaram-me feliz e honrado por ter podido desempenhá-las em favor de meus comandados, ou ainda, em contato direto com todos.

Essas atividades, em conjunto com os demais diretores da Sociedade de Amigos, reforçaram-me os conhecimentos e me deram confiança para outros envolvimentos.

Tornei-me membro do Partido Comunista Brasileiro (PCB), onde desfrutei da amizade pessoal de Luiz Tenório de Lima, Alberto Goldman, Yukitaka Mito e dezenas de outras personalidades ilustres que, à época, lutavam, de forma até insana, pelas melhorias de vida e de padrões sociais desta nação.

Éramos respeitados, e não odiados. E não éramos, como algum segmento da Igreja insistia em apregoar, "comedores de criancinhas".

Participei da fundação de todas (exceto da CUT) Centrais Sindicais do Brasil. Participei de todos os congressos e encontros de classes trabalhadoras promovidos pelas centrais com as quais eu colaborei em sua fundação.

Quem por diletantismo, por dever de ofício, ou ainda, por mera curiosidade, queira por acaso conferir estes relatos, encontrará meu nome nos diversos livros de anotações das assembleias e atos promovidos pelos vários sindicatos de trabalhadores ou movimentos de reivindicação (desde que sadias) dos quais participei.

Participei do 1.º, 2.º e 3.º ENCLATs (Encontros Nacionais das Classes Trabalhadoras), 1.º, 2.º e 3.º CONCLATs (Congressos Nacionais das Classes Trabalhadoras), da fundação da Força Sindical, colaborei na fundação de várias outras entidades de trabalhadores, atuei como diretor vice-presidente da Associação dos Funcionários em Entidades Sindicais do Estado de São Paulo, que, tempos depois,

159

com a homologação do Ministério do Trabalho, veio a se tornar Sindicato dos Empregados nas Entidades Sindicais do Estado de São Paulo, de onde me retirei para depois integrar o quadro de funcionários do Sindicato dos Revendedores de Combustíveis e Derivados de São Paulo, de onde me afastei apenas quando de minha aposentadoria, em novembro de 1999, prestando ainda, até 2002, serviços para o Sindicato dos Proprietários de Postos de Revenda de Combustíveis de Campinas e Região (Recap).

Havia, assim, também cumprido a minha parte nesses segmentos. Mas não me sentia satisfeito.

Precisava de outras participações e outros envolvimentos. Não me considerava, aos 51 anos de idade, em situação de "pendurar as chuteiras". Não me conformaria, jamais, com essa situação.

Sempre tive uma admiração absoluta pelas coisas que via meu pai fazer. Dentre essas coisas, uma que chamava demais a atenção era a forma pacífica e ordenada como ele administrava um problema, quer seja relacionado à criação dos filhos, quer seja nos embates do dia a dia, ou ainda, na forma como expunha seus anseios ou ideais.

Confesso que nunca o vi em qualquer situação, por pior que fosse, proferindo impropérios de quaisquer montas. Quando, num momento qualquer de impasse, sua resistência emocional era posta à prova, ele, com toda calma possível, encarava as adversidades e as contornava, às vezes até com um sorriso de desdém pela adversidade.

Isso despertava em mim, quando criança, uma tremenda vontade de saber-lhe o "porquê" dessa calma toda, dessa classe em sair-se de uma ou outra situação que para qualquer outro soaria como impossível.

Acho, porém, que, naqueles meus tempos de infância, a ingenuidade me impedia de analisar melhor aquele comportamento absoluto.

MOMENTOS

Foi só tempos depois, quando já na adolescência e puberdade, que vim descobrir que meu pai era um dos integrantes de uma confraria da qual só faziam parte os verdadeiros e legítimos cidadãos de bem. Essa confraria tinha o nome de CÍRCULO ESOTÉRICO DA COMUNHÃO DO PENSAMENTO.

Pois meu pai integrava esse grupo de mentalistas esotéricos, em que para toda e qualquer situação, por pior que se lhe apresentasse, tinha sempre uma serenidade contagiante.

Não havia, pois, então, situação que o tornasse um irracional, que o fizesse ser desagradável com quem quer que fosse.

Sua biblioteca particular, que trazia sempre inacessível aos "profanos", tinha tudo quanto é livro de ensinamentos sadios e práticos, e a impressão que se tinha é a de que ele os praticava na devida proporção do surgimento de qualquer situação em que essa prática fosse solicitada.

Um belo dia, já depois de seu falecimento, mexendo em seus alfarrábios, veio parar-me às mãos um dos livros de sua valiosa coleção de obras esotéricas e, naquele mesmo instante, como que movido por um desejo há muito acalentado, senti a importância de ter, como ele, controle absoluto sobre qualquer situação.

Procurei, assim, imediatamente, um lugar onde pudesse efetuar meu pedido de filiação, pois se, por dezenas de anos, serviu de propósito sadio para meu pai, serviria também para mim.

Lembrava-me agora de um dos "ditados" que ele sempre citava que dizia que "um fruto nunca cai longe da árvore que o gerou".

Eu não seria, portanto, esse "fruto" a se dispersar. Tornei-me, então, também um filiado ao "Círculo", e tudo o que posso dizer em função desse gesto é que me sentia como se uma nova perspectiva de vida me estivesse sendo apresentada pela primeira vez em quase meio século de existência, levando-me, inclusive, a lamentar todo o tempo em que me fiz ausente.

Quando criança, levado por minha mãe ou por minhas vizinhas, eu ia à missa, rezava os terços, acompanhava as procissões, comungava, mas sempre de forma mecânica, como uma obrigação a cumprir, sem convicções. Acho até que, por ser criança, fazia-o, de fato, por automatismo.

Mais tarde, adolescente e até por um bom período de minha vida adulta, frequentei uma igreja evangélica, em Vila Brasilândia, e embora tivesse passado lá bons momentos ao lado de rapazes e moças de minha idade, embora tivesse feito boas e inesquecíveis amizades, sentia-me ainda "vazio" de objetivos.

Filiando-me, pois, ao "Círculo Esotérico", comecei, de imediato, a recuperar o tempo perdido. Parece que aquele meu pedido de filiação já estava preparado há muitos anos e que somente agora me fora liberado.

Sentia como se esse gesto tivesse sido aprovado *in totum* pelo meu pai. Comecei, então, a sentir a importância das práticas mentalistas que ali eram executadas e pude, por fim, entender por que meu pai era tão "caxias" ao frequentar um local onde não se falava nada em latim, onde nada nos cobravam ou pediam e onde, por fim, respeitava-se o livre-arbítrio de cada um.

Aprendi, nas inúmeras palestras a que assisti (e a que ainda assisto), que o Criador nos fez à sua imagem e semelhança e nessa condição nos mantém.

Aprendi que, por sermos sua imagem perfeita, não é de seu interesse que venhamos a ser destruídos em catástrofes, atropelamentos, incêndios, ou ainda, de fome, de frio, de doenças incuráveis. O Criador não nos fez para depois nos destruir.

MOMENTOS

Aprendi que o Criador não é vingativo, não é revanchista, não trai, não engana, não nos pede dinheiro, não nos cobra dízimos, não nos diferencia, não nos encabula, não nos humilha, não permite que soframos e não nos criou para sermos escravos de ninguém.

Aprendi que se a mim, pecador comum, não fica bem ver um de meus filhos implorando por ajuda, rogando por um atendimento, prostrando-se por este ou aquele pedido, muito menos ao Grande Pai isso é bom. Deus não nos quer rastejando por nada...

Aprendi que tudo aquilo que fazemos ou que venhamos a fazer é fruto daquilo que a nossa mente entabula e que se a mantivermos bem nutrida de bons pensamentos e princípios, não há por que temer as consequências de nossas atitudes.

Entendi também, por fim, que todo o tempo que passei alheio a esses princípios foi meramente porque não era ainda hora de vir a conhecer os mistérios profundos de sua sabedoria e suas práticas.

A partir, todavia, dessa descoberta, pude finalmente entender e sentir o que meu pai pensava e sentia.

É por isso que, durante todo o meu tempo de infância e até mesmo de adolescência, puberdade e até mesmo na fase adulta de minha vida, jamais o vi tripudiar sobre o que quer que fosse, jamais o vi se prevalecer em qualquer que fosse a situação que se fosse apresentada.

Participando hoje das atividades mentalistas no "Círculo Esotérico", é como se o visse ainda entre nós com seu sorriso zombeteiro e altruísta, característica de quem está sempre de bem com a vida.

Entendia agora os motivos de toda a dedicação e carinho para um dos meus irmãos, quando, por delitos cometidos, fora recolhido à Casa de Detenção de São Paulo, onde, por tantos domingos quanto fossem necessários, lá esteve, levando-lhe incentivo, levando-lhe carinho, visitando-o religiosamente.

Via naquela atitude do meu pai, que jamais media esforços para visitá-lo, todo o amor de um pai carinhoso, independentemente de qual tenha sido o delito que o tivesse levado àquele presídio.

Isso, de forma indireta, levava-me também a sentir a necessidade de acompanhá-lo quando dessas visitas.

Ora, meus caros leitores, diante de tudo isso, sabedor do quanto somos falhos e imperfeitos, ainda assim não abandonamos, jamais, nossos filhos, nossos irmãos, nossos netos, quanto mais, então, um Criador, perfeito, que tudo faz, tudo sabe e tudo vê; Ele não abandonaria um de seus filhos.

Por 2 anos, 7 meses e 16 dias, num total de quase 200 domingos, sob sol ou chuva, esse pai, carinhoso e extremoso para com aquele filho detido, acordava de madrugada, cortava sua barba, vestia seu terno e, sem se importar com o que quer que fosse, "marcava sua presença" na fila de acesso ao Pavilhão 9, não se importando com nenhum dos sacrifícios que pudesse estar fazendo.

Esse exemplo de pai, amigo, irmão, companheiro e camarada, sei hoje, tinha uma essência, tinha um objetivo. Nas entrelinhas, meu pai nos dizia que, fosse quem fosse o filho que lá estivesse, ele não o abandonaria. Não questionava se o "visitado" era ou não merecedor de sua visita, se tinha ou não "culpa no cartório".

Apenas e tão somente, ia. Não iria, sob nenhum pretexto, deixar que um pedaço de si, um "sangue de seu sangue" passasse pelo dissabor da falta de sua visita.

Ele sabia de outros presos que, não tendo quem os visitasse, imploravam nesses domingos por carinhos alheios. Isso jamais ocorreria com meu irmão, pois meu pai lá esteve todos os domingos que aquela "pena" incluiu.

Meu pai foi esotérico por mais de 50 anos, o que equivale dizer que, durante todo esse tempo, praticava Harmonia, Amor, Verdade e Justiça, princípios que orgulhosamente divulgo hoje com carinho para com os meus ou para com aqueles que, por acaso, de mim os solicitarem.

Ao me expressar desta forma, ficará, talvez, a impressão de que eu esteja mancomunando contra esta ou aquela forma de profissão de fé, mas, vindo como venho de experiências de toda sorte, em que a fé me tem servido de estímulos à paz e à reflexão, peço permissão para considerar a manifestação desse sentimento como por si só um estado de espírito.

55 anos são passados desde as primeiras confissões nas primeiras linhas destes relatos.

Citei, sem omitir fatos e passagens de minha infância, adolescência e vida adulta.

Onde enalteci um ou outro personagem envolvido, o fiz de forma carinhosa e em agradecimento pelo fato de, acima de tudo, poder ter reunido condições para fazê-lo.

Alguns desses fatos permanecem hoje como se ontem ou há poucas horas tivessem ocorrido, tal a nitidez com que os retive na mente.

Outros, por se constituírem em momentos ou situações de angústia, resolvi apagá-los depois de aqui mencionados.

Alguns, todavia, mais recentemente vividos, ocupam em minha mente certa parte de seu espaço, mas não o suficiente para, ao final destes relatos, fazer patente a quem porventura os ler, que tudo ou grande parte de tudo aqui relatado integrou e integra os traços de personalidade de quem, na pior das hipóteses chegou aonde chegou, usando como lastro os exemplos vistos, presenciados e partilhados por todos os que aqui hoje se acham igualmente integrados.

Por fim, a explicação já mencionada ao longo destes relatos sobre o *J. EDMAR,* que nesta narrativa obteve de <u>DIVINO MARIANO</u> toda a gama de dados que ora lhes é dado a conhecer:

Meus três filhos, JORGE LUIS MARTINS MARIANO, CARLOS EDUARDO MARIANO e EFRAIM MARCELO MARIANO, são os maiores homenageados neste livro, uma vez que se constituem para mim os frutos da continuação que orgulhosamente defendo.

Encerro traduzindo uma forma de pensamento que defendo e que, afinal de contas, é a forma com que hoje vejo a vida:

COMPORTAMENTOS

<u>1.</u>
Dentro da noite tranquila,
Um jato avança, lotado
(Flutuando um céu, estrelado,
Com quase 200 passageiros...).
A sua tripulação, traquejada,
Seguia a rota pré-traçada
Por competentes engenheiros!

<u>2.</u>
A bordo do "pomposo" avião,
Alguns "figurões" são notados
(Um padre, um deputado,
Um advogado, uma artista...);
São personagens conhecidos
Que discutem, ali, entretidos,
Por seu dia a dia de conquistas!

MOMENTOS

3.

Numa conversa bem acalorada,
Diz o padre ao deputado:
— Eu considero muito errado
O que fazem com o "povão"...
Em Brasília, os parlamentares
Dilapidam entre seus pares
Os recursos de nossa nação!

4.

Todo parlamentar é bonzinho,
Quando necessita ser eleito
(Mas é um escroque perfeito,
Quando abusa do "zé-povinho"...),
Pois terminada sua propaganda,
"Ele" desaparece, se manda,
E o "povão" acaba sozinho!

5.

— Ora, vigário, deixa disso,
Pare com seu proselitismo
(A igreja, com seus ufanismos,
Também engana a sociedade...).
Enquanto o fiel se lamenta,
A igreja, esperta, sustenta
Um cabedal de adversidades!

6.

Enquanto os dois conversavam
(Cada qual com a sua razão),
Numa outra parte do avião,
Duas outras pessoas falavam...
Era a artista e o advogado,
Que, num diálogo acalorado,
Dessa forma se expressavam:

7.

— Sabe, doutor, diz a vedete,
Não suporto mais essa fama
(Onde vou, a plebe me chama,
E gente pobre aborrece...).
Têm pessoas sem "semancol",
Que mal entendem de futebol,
Mas se atrevem a ser tietes!

8.

Veja, agora, que sossego,
Sem ninguém me assediando
(Exceto os que estão voando,
Mas esta gente é comportada...).
Em caso contrário, haveria
Um histerismo, uma gritaria
Dessa "gentinha" assanhada!

9.

Por essas e por outras insisto:
Ser rica e famosa, aborrece
(E se essa "gentalha" soubesse
O quanto eu não os tolero...)
Ficariam bem longe de mim
E seria (até) melhor assim,
Pois é, aliás, o que quero!

10.

— Não é assim — diz o "causídico". —
A fama massageia o ego;
Pois sou famoso, e não nego,
Que adoro ser paparicado...
Por onde passo e sou visto,
Comparo-me a Jesus Cristo,
De tanto que sou aclamado!

11.

Quando acaba um julgamento
E eu venço num tribunal,
Uma euforia sensacional
Apodera-se de meu ser...
Na luta, sou como um titã
E pouco importa o amanhã,
Se não puder hoje vencer!

12.

Todo o *frisson* da plateia
Me ouvindo, atenta e calada
(Numa fala que é invejada
Até por meus oponentes...)
Obriga-me a ser o vencedor
E, por isso, sou superior
Invejado por tanta gente!

MOMENTOS

13.
Em todos os compartimentos,
Outras conversas se ouviam,
Enquanto a viagem prosseguia,
Já próxima de seu final...
Quanto a mim, observador,
Registrava em meu gravador
Aquele falatório sem igual!

14.
Mas, a grande nave pousou,
E todos se dispersaram;
Alguns ainda esnobaram,
Outros seguiram, indiferentes...
Ninguém, porém, ousou notar
Aquele personagem vulgar
Que ali se fizera presente!

15.
E todos trataram de seguir
A rotina de seu dia a dia;
E sei que ninguém sabia
Quem era eu, pois, afinal,
Eu não posei de importante,
Não fui fugaz nem pedante,
Portando-me em meu normal!

16.
Mas, não me senti inferior
Em meio a tanta confraria
(Pois gozo de paz e harmonia,
Tenho prazer e sou feliz...).
Tenho emprego, tenho ocupação,
Lar, família e, por que não?
Tudo aquilo que sempre quis!

J. EDMAR

Isso tudo que aqui foi trazido ao conhecimento de tantos quantos lerem este livro são, dentro da mais possível condição ética (pela qual sempre zelei), retratos de uma situação que, mais de uma vez mencionada, levou 55 anos para ser revelada.

Os meus três filhos, orgulho maior em todo o corolário de confissões destes relatos, têm neles condição de, embora parcamente citados, orgulharem-se por serem os meus continuadores na obra que o Criador me impôs e que eu, com toda submissão imaginável, com todo prazer possível, com uma satisfação indescritível, afirmo ter assimilado.

Assim, Jorge Luís Martins Mariano, Carlos Eduardo Mariano e Efraim Marcelo Mariano são nesta obra, para mim, aquilo que, creio, fui, em toda a singeleza destes relatos, para meu digno e saudoso pai, quando, ao mencioná-lo, sinto ainda como se aqui estivesse a presenciar todo este labor.

Eu não poderia, entretanto, ao final destes relatos deixar patente que todos estes relatos têm uma finalidade, que é a de enaltecer a forma rígida e disciplinada como fui orientado por meus pais, Ângelo Mariano e Ana Leite Mariano ("Dona Nica"), de cuja prole resultou ainda Sebastião Benedito Mariano, Benedito Mariano Neto, Luis Carlos Mariano, Aparecido D. Mariano, Joaquim Mariano, Lucinda A. Mariano e Ângelo Mariano Filho.

Reverenciar, todavia, meus filhos e adotá-los de forma carinhosa neste pseudônimo literário é de mim a forma mais clara de demonstrar-lhes meu carinho, pois a partir deles tenho hoje o grande

orgulho de poder também homenagear seus "continuadores", que são *INGRID MARIANO*, *MANOELLA MARIANO*
e *MATHEUS MARIANO*, três netos lindos, robustos e
inteligentes.

Outros netos, com certeza, haverão de chegar
e "engrossar" esse cordão de amizade e paz, mas,
confesso, sinto-me hoje honrado pelos que já tenho.

Da mesma maneira como hoje sinto enorme orgulho em analisar a minha árvore genealógica, espero
que, dentro dos próximos 50 anos, os meus "continuadores" sintam também a mesma satisfação.

SOBRE O AUTOR

DIVINO MARIANO (aqui "escondido" sob o pseudônimo de *J. EDMAR*) é casado, pai de três filhos e sempre se orgulhou de seu "jeitão" simples e descompromissado para com os problemas comuns. Sempre fez de seus problemas um aprendizado e de suas dificuldades uma "catapulta" para a busca de novas metas.

Segundo suas próprias palavras, *"QUEM NÃO SABE PEDIR, NÃO MERECE GANHAR"*, e aqui nestes relatos deixa claro ser sempre um perseguidor de metas... Três coisas são destacadas neste seu novo livro: fé, idealismo e companheirismo, coisas que, segundo sua ótica, são as alavancas para a boa performance em qualquer que seja a atividade a se propugnar.

Nunca escondeu ser um apaixonado pelo Corinthians e, segundo se pode ver por suas palavras, não é apenas um admirador das suas cores, mas também um apaixonado estudioso do tema.

Divino Mariano ou, se preferirem, J. Edmar, a exemplo de seu pai Ângelo Mariano, é um perseguidor das boas normas e um sistemático cumpridor dos temas que envolvam Justiça, Direito, Paz, Prosperidade etc.

Tendo conhecido pessoalmente PATATIVA DO ASSARÉ (um dos mitos vivos de nossa cultura popular), desenvolveu a partir daí alguns temas rimados no estilo SEXTÍLABO, já divulgado e elogiado pelos "Mano Novo e Mano Véio" na BAND FM e em vários outros locais de divulgação de nossas culturas.

Esta sua obra, *Momentos*, é uma ode ao idealismo e uma lição de incentivo aos desmotivados e desanimados na luta pela vida. Uma relíquia que

MOMENTOS

deve ser guardada com carinho em nossas mentes e bibliotecas.

J. Edmar publicou, em 2003, o livro de nome *Corinthians, uma paixão em prosa e versos*, e nesta obra aqui apresentada nada mais faz que dar "de leve" um prosseguimento às ideias que o levaram àquela obra primeira, exceto que agora com muito mais minúcias, muito mais malícia, muito mais conhecimento da preferência de seu público.

Ainda nesta linha de comportamentos, está em fase final de editoração de uma obra à qual dará nome de *Timão de todos os signos*, que já foi catalogada e homologada como recorde brasileiro de rimas, uma vez que abriga em suas páginas mais de 3 mil versos e quase 150 mil palavras.

Ainda sobre *Momentos*, é necessário que se diga que a obra é oferecida, de forma especial, a todos os seus integrantes, pois toda e qualquer menção porventura aqui expressada redundaria numa crassa injustiça para com aqueles com quem convivi, aprendi e vivi, mais de metade de um século...

Fui comedido politicamente durante toda a exposição dos relatos que compõem esta obra e espero não ter sido (como não foi minha intenção) mal interpretado.

Meus mais calorosos e reconhecidos agradecimentos a todos que fizeram parte destes relatos, meus votos de felicidade aos (ainda) vivos e meus profundos respeitos para com todos os que já se foram desta vida.

Todos os nomes aqui mencionados são reais, exceto daqueles personagens a quem resolvi omitir os nomes por não merecerem menção, ou ainda, em respeito à ética.

Dezembro, 2022.